DE

LA PÊCHE CÔTIÈRE

DANS LA MANCHE,

SPÉCIALEMENT

DE

LA PÊCHE DU HARENG.

PAR LE BARON PICHON,
Conseiller d'État.

A PARIS,

CHEZ G.-A. DENTU, IMPRIMEUR-LIBRAIRE,
RUE DU COLOMBIER, N° 21;
ET PALAIS-ROYAL, GALERIE D'ORLÉANS, N° 13.

1831.

LA PÊCHE CÔTIÈRE

DANS LA MANCHE,

SPÉCIALEMENT

DE

LA PÊCHE DES CRUSTACÉS.

PAR M. HARDY-DESMARES.

A PARIS,

CHEZ G.-A. DENTU, IMPRIMEUR-LIBRAIRE,
RUE DU COLOMBIER, N° 21,
ET PALAIS-ROYAL, GALERIE D'ORLÉANS, N° 13

PARIS.—IMPRIMERIE DE G.-A. DENTU,
rue du Colombier, n° 21.

LA PÊCHE CÔTIÈRE

DANS LA MANCHE,

SPÉCIALEMENT

DE

LA PÊCHE DU HARENG.

PAR M. BAUDE-HENRY,
...

A PARIS,

CHEZ C.-A. DENTU, IMPRIMEUR-LIBRAIRE,
RUE DU COLOMBIER, N° 21.
ET PALAIS-ROYAL, GALERIES D'ORLÉANS, N° 13

PARIS.—IMPRIMERIE DE G.-A. DENTU,
rue du Colombier, n° 21.

Un grand procès qui, depuis bientôt quarante ans, vient, par intervalles périodiques, agiter les populations riveraines de nos côtes de la Manche, depuis Dunkerque jusqu'à la Hogue, est sur le point de se ranimer, et d'ajouter aux embarras déjà si nombreux du gouvernement. Il s'agit de la pêche du hareng, et de savoir si cette pêche restera sous le régime de liberté qu'elle a reçue d'une loi du 6 octobre 1793, ou rentrera sous le régime restrictif qui lui était imposé avant la révolution. Il s'agit de savoir, pour les habitans de ces côtes, s'ils pourront, en tout temps, et tant qu'il se présente, pêcher le poisson que la nature verse annuellement en plus grande abondance dans les trésors de l'Océan; si l'on pourra, en tout temps, recueillir cette manne animée qui, tous les ans, avec une régularité merveilleuse, nous arrive par *bancs* des mers polaires, où elle est élaborée mystérieusement par la nature, pour disparaître aussi mystérieusement dès qu'elle atteint l'ouverture de la Manche; ou s'il faudra, avant une certaine époque, et passé une autre de l'année, s'abstenir de la ramasser.

Telle est pourtant la question qui divise depuis bientôt quarante ans les ports de cette partie de notre littoral. Les habitans au nord de la Seine, Dieppe à leur tête, sont pour le régime restrictif; les ports au sud sont pour le régime libre. Les premiers ont complété leur récolte au 31 décembre; alors, le banc ayant dérivé au sud de la Seine, ils voudraient qu'il fût interdit aux habitans des côtes situées au sud du fleuve, côtes que le banc approche alors, de l'exploiter. Ils ont pour eux l'ancienne législation, qui avait limité la pêche au 31 décembre. Les habitans des ports méridionaux ont en leur faveur l'autorité de la loi du 6 octobre 1793, à laquelle on a tenté plusieurs fois, tant sous le consulat et l'empire, que depuis la restauration, de faire déroger par des mesures exécutives.

En 1821, sur un rapport que je fis au conseil d'État, le 31 août de cette année, les instances de Dieppe, appuyées par l'administration des douanes, dans l'intérêt de ses perceptions pour les sels, furent repoussées, pour la troisième fois depuis vingt ans. Ce résultat, obtenu à l'unanimité, moins une voix, semblait avoir terminé la contestation. Cependant, en 1829, les Dieppois, qui étaient parvenus à intéresser à leurs prétentions des membres de la famille royale, ont voulu la renouveler; mais M. de Saint-Cricq, devenu alors ministre du commerce, déclara que, par la décision rendue au conseil en 1821, la question devait être considérée comme irrévocablement jugée.

Mais il n'en est rien; et il paraît que dans le dernier voyage du Roi sur les côtes, le Roi et ses ministres ont encore été fortement sollicités pour la remettre en discussion, et que ces sollicitations n'ont pas été sans succès. Les intérêts, toujours inépuisables en ressources pour colorer leurs prétentions, ne manqueront pas de trouver de nouveaux tours pour attaquer une loi qu'ils dénonçaient, sous l'empire et sous la restauration, comme une loi révolutionnaire.

L'avis que j'ai reçu de ces nouvelles tentatives m'a décidé, dans l'intérêt des contrées maritimes, qu'elles tendent à déshériter de leurs droits naturels, et dans l'intérêt de l'administration, que ces tentatives poussent à des mesures injustes et inconstitutionnelles, à publier le travail que je soumis sur cette matière, en 1821, au conseil. Il n'y a aucun intérêt aujourd'hui à le laisser enseveli dans les cartons, et je ne crois pas faire acte d'immodestie, en disant que je le publie comme secours à la fois pour le gouvernement, que l'on cherche à surprendre, et pour les populations maritimes du Calvados, que l'on veut encore opprimer.

On verra, dans ce travail, par combien de faux prétextes, de faits mal représentés et mal connus, on était parvenu, depuis le consulat, à embrouiller et à éterniser la question, et à jeter l'administration dans une grande perplexité sur une matière d'un si haut intérêt public; et combien une élaboration approfondie était indispensable pour arriver à la solution d'une affaire aussi compliquée.

Ce travail n'est pas le seul service que j'aie rendu aux pêches maritimes. Au mois de décembre de la même année, je fis, au comité de l'intérieur, le rapport de l'ordonnance des primes à la pêche de la morue, qui fut publiée en 1822; et, sur ce rapport, le comité de l'intérieur repoussa la réduction de primes dont cette pêche était menacée par la proposition des bureaux du ministère. Un mois après, les exigeances du ministère de 1822 me firent éliminer du service ordinaire du conseil.

On trouvera, peut-être, que j'ai bien mal choisi mon temps pour donner au public un écrit de ce genre. Dans les temps de grande excitation politique, de quel intérêt sont des questions les plus vitales d'économie nationale? D'aucun, à moins qu'elles ne se colorent de l'esprit de parti. Il y a donc presque du ridicule à traiter, dans un pareil moment, la question des pêches. Cependant il est temps que nous sortions de l'indifférence sur cette question, comme sur toutes celles qui tiennent au rétablissement de notre navigation. Dans cette partie de ses ressources, la France est restée, depuis la paix maritime, dans un état d'infériorité relative, qui appelle l'attention publique, non moins que celle du gouvernement. Lorsque toutes les nations maritimes sont en progression sur ce point, spécialement l'Angleterre et les Etats-Unis, nous ne sommes pas encore arrivés à notre état de 1790. Cette infériorité constante accuse une déperdition de nos moyens naturels, puisque nos produits ont augmenté avec notre population.

Cette déperdition se manifeste dans l'inégalité vraiment affligeante qui existe dans le commerce de transport entre nous et les divers États avec qui nous échangeons des denrées. Les conséquences s'en font remarquer dans la diminution des populations maritimes, et enfin dans l'aveu fait, déjà depuis huit années, qu'elles ne suffisent pas à monter, le quart au plus, des armemens auxquels un état de guerre maritime sérieux devrait donner lieu. Nous avons été obligés, pour suppléer à leur insuffisance, de recourir à des modes d'armement nouveaux, sur lesquels le temps prononcera, mais qui ont cela de décourageant pour l'observateur attentif, qu'ils nous mettent dans le cas de nous féliciter de pouvoir armer nos vaisseaux de guerre comme la Russie, c'est-à-dire comme une puissance presque sans littoral, et qui compte à peine comme puissance maritime !

Les pêches sont un des élémens importans de cette population. Parmi les pêches, celle du hareng doit être en première ligne, à raison de l'abondance de substance alimentaire, qu'elle procure tant à la consommation qu'au commerce, et des facilités qu'elle offre pour la formation des gens de mer. On verra de quelle importance immense elle est pour l'Angleterre, chez laquelle elle occupait, en 1826, une population de 76,000 personnes, dont 44,000 hommes de mer. Il est de notre devoir d'examiner, encore dans cette branche des occupations maritimes, si nous sommes à notre rang relatif, soit pour la pêche, soit pour le commerce qu'elle doit produire, et pourquoi nous n'y sommes pas. Le Mémoire que je livre aujourd'hui au public donnera à penser à cet égard à ceux qui, par état et par goût, seront dans le cas de s'en occuper et de le lire avec attention.

Outre le motif d'intérêt public qui m'a déterminé à donner ce Mémoire, j'y ai encore été un peu déterminé par l'amour-propre d'auteur excité par la crainte du plagiat. Il a été fait plusieurs copies de ce rapport, et il ne serait pas sans exemple, à mon égard, que des travaux de ce genre eussent été publiés avec un simple remaniement de paragraphes et de style, comme l'œuvre d'autrui. C'est ce même motif qui me déterminera à donner prochainement au public un autre travail qui a un grand intérêt du moment. C'est un travail sur le commerce des colonies avec l'étranger, qui a été l'occasion de l'ordonnance de février 1826 qui a réglé ce commerce. Les défectuosités de cette ordonnance se montrent au plus grand jour. Comme premier préparateur de l'ordonnance, je serai bien aise de montrer que ces défectuosités existent malgré moi. J'aurai occasion, en donnant ce travail, de traiter d'autres questions coloniales d'un intérêt encore plus pressant, et qui sont aujourd'hui tout-à-fait à l'ordre du jour.

Paris, 21 juin 1831.

ainsi, appartiennent à, proprement parler, au style, comme l'œuvre
ditterat. C'est ce moyen qui m'a servi à mettre à donner précédemment au public un autre travail qui a aujourd'hui été accueilli. C'est un travail sur la conservation des ...
... l'académie de l'arthritisme de Tavier 1850, qui à
règle du commerce. Les différentes de cette ordonnance, et nous trons au plus grand jour. Quand premier préparateur de l'anatomie, je serai bien aise d... montrer que ces dénominations existent
malgré mes efforts... quelle que soit ce travail, ils restent
les vrais maîtres... aurait ... sans rapport, ils prouvent, ce

Paris, 31 juin 185.

RAPPORT

FAIT AU CONSEIL D'ÉTAT,

DANS SA SÉANCE DU 31 AOUT 1831.

INTRODUCTION.

M. le garde des sceaux, à la demande du ministre de l'intérieur, a renvoyé à l'examen du conseil une question plusieurs fois débattue et diversement décidée depuis bientôt trente ans, et relative à la pêche du hareng, une des plus importantes pêches que pratiquent les nations septentrionales de l'Europe, y compris la France. Il s'agit de savoir si cette pêche, qui a été rendue illimitée dans sa durée par un décret de la Convention nationale du 6 octobre 1793, mais qui, avant la révolution, était limitée au 31 décembre de chaque année, demeurera libre à toute époque, ou bien si elle sera soumise à ses anciennes limitations.

PREMIERE SECTION.

ÉTAT DE LA CONTESTATION.

Des intérêts opposés, sur les côtes des anciennes provinces de Flandres, de Picardie et de Normandie, ne cessent de solliciter à cet égard l'administration, en sens contraire, depuis l'an VIII (ou depuis 1800). L'embouchure de la Seine trace à peu près la division géographique de ces deux intérêts : tous les ports situés au nord de la Seine (moins le Hâvre), c'est-à-dire les ports depuis Dunkerque jusqu'à Dieppe, et cette dernière ville à leur tête, ne cessent de réclamer la limitation. L'illimitation est demandée et défendue avec autant de persistance par les ports situés au sud de la Seine, le Hâvre compris. A la tête de ce second intérêt se trouve Honfleur, où se sont formés, depuis trente ans, depuis que la pêche a été rendue illimitée, des établissemens de salaisons fort importans, et qui, auparavant, étaient inconnus au sud de Dieppe (1). Tel est, en fait, l'état des intérêts qu'embrasse cette question.

Quant au droit, ainsi que je viens de le dire, la pêche, anciennement, était limitée au 31 décembre. Elle l'était en vertu d'un arrêt du conseil en date du

---

(1) Il paraît qu'aujourd'hui c'est à Caen que se trouvent les plus grands établissemens de salaisons au sud de la Seine.

24 mars 1687. Cet arrêt paraît être demeuré en vigueur jusqu'à la révolution, sauf des dérogations temporaires accordées à diverses époques aux besoins des circonstances. En 1790, cette pêche paraît être devenue libre par le fait de la suppression de la gabelle; car, ainsi qu'on le verra, la limite posée par l'arrêt du conseil de 1687 l'a été uniquement dans l'intérêt de la Ferme générale. La Convention nationale, par le décret précité du 6 octobre 1793, a fait légalement cesser la limitation. Ce décret est ainsi conçu : « Il « est permis à tout Français de commencer et finir à « volonté la pêche du maquereau et du hareng, en « se conformant d'ailleurs aux lois du Code maritime « relatives à la pêche, et non abrogées. » Ainsi, liberté absolue de pêcher tant que le poisson se présente.

Ce régime de liberté avait été maintenu expressément, à la suite de tentatives diverses pour la limiter, par un arrêté consulaire du 13 pluviôse an XI (2 février 1803), et par un décret du 8 octobre 1810; mais, par une ordonnance du roi du 14 août 1816, qui a statué, en général, sur la police de la pêche du hareng, du maquereau et de la sardine, la limitation a été rétablie, toutefois en la replaçant, comme par une sorte de transaction entre les intérêts opposés, au 15 janvier au lieu du 31 décembre.

Cette limite, à laquelle les ports du nord n'ont cédé qu'avec peine, et toujours en conservant l'espoir de recouvrer l'ancienne, a excité, aussitôt qu'elle a été promulguée, les plus vives réclamations de la part des ports du sud. Ces réclamations, réunies aux difficultés que l'on éprouva en 1816 pour les subsistances, déterminèrent l'administration à accorder la prolongation de la pêche, pour cette année, jusqu'au 31 janvier. Cette prolongation a encore été accordée pour la saison de 1817 à 1818 : elle a été refusée pour 1819; enfin, le ministre de l'intérieur a fait rendre, le 6 décembre 1820, une ordonnance qui a suspendu indéfiniment la clause limitative de l'ordonnance du 14 août 1816, et l'a fait prolonger jusqu'au 31 janvier. C'est la dernière mesure intervenue sur cette pêche; c'est le conflit des demandes contraires qui avaient précédé et qui ont suivi cette dernière ordonnance, que le ministre de l'intérieur a voulu porter au conseil, afin d'éclairer le gouvernement, par une discussion approfondie, sur le système auquel il convient définitivement de s'arrêter.

A ces intérêts contraires des ports de la Manche, il s'en joint un troisième : c'est celui de l'administration des douanes, qui est chargée de faire, aux pêches maritimes, les délivrances de sel en franchise. Cette administration appuie la limitation; elle désirerait même la voir replacée au 31 décembre, conformément à l'ancienne législation. Si cela est impossible, elle propose divers atermoiemens qui consisteraient, 1° à prolonger la pêche d'une quinzaine seulement, par conséquent à laisser la limite fixée au 15 janvier; 2° à refuser entièrement; ou, 3° à diminuer la proportion du sel accordé en franchise pour le poisson salé après une certaine époque : telles sont les diverses questions soumises à la délibération du conseil.

Cette discussion ne sera point nouvelle pour plusieurs de ses membres, qui ont pu la voir agiter, soit dans l'ancien conseil d'État, en 1803 et en 1810, lorsque l'arrêté et le décret précités ont été rendus, soit dans le comité de l'intérieur, lorsque l'ordonnance du 14 août 1816 y a été délibérée. Bien que la question de limitation ne fût pas aussi exclusivement l'objet de la délibération de ce comité qu'elle va l'être de celle du conseil, puisque l'ordonnance du 14 août 1816 embrasse tout ce qui concerne la police de la pêche et celle de la salaison, non seulement du hareng, mais encore du maquereau et de la sardine, cependant, comme la question se présentait dans le projet d'ordonnance; que les intérêts opposés faisaient depuis long-temps des efforts pour la faire décider, chacun dans son sens, le comité fut obligé de s'en occuper, et elle fut traitée avec quelque détail dans les motifs de l'avis émis par le comité sur le projet d'ordonnance. Le rapport en fut fait au comité de l'intérieur par M. le baron Cuvier, qui se trouva d'autant plus compétent pour traiter cette matière, que les deux intérêts rivaux, mais surtout les partisans de la limitation, argumentaient de faits relatifs à l'histoire naturelle de ce poisson, qu'il était important de soumettre à un jugement dont l'autorité ne peut être contestée.

J'aurais vivement désiré d'épargner au conseil la fatigue des détails, en arrivant de suite à l'examen et à la discussion des points litigieux de la question qui lui est soumise. Mais ce n'est pas seulement une question administrative importante; c'est aussi un procès entre divers départemens maritimes que le conseil est appelé à juger. Les deux parties se plaignent que les décisions intervenues n'ont point été rendues en suffisante connaissance de cause. Je suis donc obligé d'abord de mettre sous les yeux du conseil un résumé des motifs respectivement allégués. Je ferai suivre ce résumé de celui des mesures législatives ou administratives dont la contestation a été l'objet depuis qu'elle s'est élevée. C'est après avoir ainsi mis sous les yeux du conseil les faits qui lui sont nécessaires que je discuterai le mérite relatif des deux systèmes opposés. Mais, avant d'entrer dans les faits, il est nécessaire de porter notre attention sur le théâtre de la pêche de ce poisson et sur ses périodes diverses. Ces données sont indispensables même à l'intelligence des faits et des argumens qui vont lui être soumis.

IIe SECTION.

FAITS ET NOTIONS GÉNÉRALES SUR LA PÊCHE DU HARENG.

Comme le sait le conseil, le hareng est un poisson voyageur. Il descend des mers polaires au commencement du printemps, et se porte, en deux grandes divisions, vers l'Europe et vers l'Amérique, pour aller dans les deux hémisphères chercher des mers plus tempérées, et le voisinage des terres pour frayer, toutefois, sans dépasser en Amérique la baie de *la Chésapeake*, et en Europe la cap *la Hogue*. Parvenu à ces deux points, il disparaît. Il arrive du Nord par *bancs*, la seule expression qui ait paru répondre à l'abondance prodigieuse avec laquelle il se présente aux pêcheurs.

Le banc qui se dirige vers l'Europe arrive en mars sous l'Islande. Il est descendu progressivement, en juin, à la hauteur des îles *Shetland*, situées au nord des Orcades. Là, il se divise en deux colonnes, dont l'une prenant la direction de l'ouest, passe derrière l'Irlande, ou entre cette île et l'Angleterre; et l'autre prenant la direction de l'est, s'avance progressivement vers le sud, pour entrer dans la Manche. Ce mouvement de progression est fort lent. Le poisson qui apparaît vers la mi-juin, au nord des Orcades, n'arrive qu'à la fin de décembre à l'embouchure de la Seine. Il se tient sur ces parages et dans la baie de la Seine pendant tout le mois de janvier. Il est encore, pendant tout le mois de février, sur les côtes du Calvados : ainsi, la pêche du banc destiné à la pêche européenne dure ou peut durer huit mois.

Cette progression lente, qui tient le poisson à des distances variées des divers points de l'Europe, explique comment les habitans de ces divers points ont et doivent avoir des périodes diverses de pêche. Depuis l'apparition du banc, trois peuples l'exploitent particulièrement dans sa course : les Hollandais, les Anglais et les Français. Les habitans de la Baltique et des côtes de la Norwège, ont des divisions particulières qui vont chercher les dentelures fréquentes et profondes des côtes de ces contrées.

Occupons-nous de la pêche dévolue plus particulièrement à la France. Ce n'est guère que vers la mi-octobre que le poisson approche des côtes pour entrer dans la Manche. Alors, il longe les côtes du Pas-de-Calais et de la Seine-Inférieure, et s'y tient jusque vers la fin de décembre. Ainsi, pendant deux mois et demi, nos pêcheurs, depuis Calais jusqu'à Dieppe, font une abondante récolte de ce poisson. Par des causes qui tiennent à l'interposition du bassin de la Seine, les ports du sud de la Seine, et même le Hâvre, ne peuvent alors prendre commodément part à la pêche. Leur récolte ne commence que lorsque le poisson vient à l'embouchure de ce fleuve, ou se présente sur les côtes du Calvados, ce qui n'a guère lieu que vers la fin de décembre, quelquefois vers le 20 ; mais il survient dans l'état du poisson un changement important à l'époque où il dépasse l'embouchure de la Seine. La plus grande partie de celui qu'on prend alors a frayé (a perdu ses laitances et ses œufs). En cet état, les pêcheurs l'appellent *gai* ou *vide* : il est amaigri, et il est moins bon. La différence de qualité est admise par toutes les parties ; on ne dispute que sur les conséquences. Les gens du nord de la Seine veulent que cette diminution soit un motif suffisant pour en interdire la pêche, et, à plus forte raison, la conservation par la salaison.

Il résulte de ces détails qu'il y a au fond trois saisons pour pêcher le hareng : l'été, l'automne et l'hiver. On le prend, l'été, au nord de l'Ecosse, et successivement sur ses côtes et sur celles de l'Angleterre, jusqu'à ce que le gonflement de la côte d'Angleterre vers Yarmouth le force à entrer dans le Pas-de-Calais. L'automne, les habitans de la Picardie et de la Haute-Normandie l'ont à leur portée. L'hiver, enfin, les habitans de la Basse-Normandie ou du Calvados peuvent en exploiter la pêche sur leurs côtes. Cette triple division de la pêche par saisons est reconnue dans le commerce : il n'est pas indifférent d'y arrêter un moment l'attention du conseil.

Pendant plusieurs siècles, et tant que la France et l'Angleterre ont négligé de profiter des avantages de leur position maritime, la pêche, au nord des Orcades et successivement sur la côte d'Ecosse, a été presque exclusivement dans les mains des Hollandais. On trouve dans les écrivains politiques des détails qui paraissent fabuleux quant au nombre de bâtimens et de matelots qu'employait cette pêche, et aux richesses que les Provinces-Unies en tiraient : on l'appelait la *mine d'or de la Hollande*. Celle-ci vendait à toute l'Europe, et même à l'Angleterre et à la France, le poisson qu'elle prenait dans ces mers. A mesure que les Anglais et les Français se sont livrés à la marine et au commerce, la Hollande a vu son commerce et sa navigation réduits, en ce point comme en beaucoup d'autres, à de justes proportions. Il est constant qu'en 1786, elle n'envoyait pas à cette pêche trois cents bâtimens.

Une statistique de la Hollande, publiée en 1804 par M. de Mettlerkamp, porte que, pendant les dix années qui avaient précédé 1795, elle n'avait expédié à cette pêche, année commune, que cent quatre-vingt-sept bâtimens. Ainsi, cette exploitation avait éprouvé une diminution progressive : neanmoins, elle continue de la pratiquer avec ardeur. Les Français ont aussi fait long-temps la pêche d'été, à partir de Shetland ; mais une pêche aussi lointaine était exposée à de grands dangers en cas de guerre : elle est entièrement abandonnée depuis le milieu du dernier siècle. Nous lisons dans la *Géographie commerçante* de Peuchet, à l'article *Dieppe*, que le dernier navire qui fut envoyé à cette pêche le fut en 1771; que l'expédition tourna fort mal, et que, depuis, on n'y a plus envoyé de navires. Nos pêcheurs de Dieppe et des autres ports du nord se sont bornés à attendre l'arrivée du poisson plus près de nous. Il paraît qu'on ne va guère plus loin maintenant le chercher que sur la côte du comté de Norfolk, à la hauteur d'Yarmouth : c'est une distance d'environ quatre-vingts lieues de navigation. Les Hollandais font plus de deux cents lieues pour atteindre le théâtre de la première pêche, la pêche d'été.

Lorsque nous faisions la pêche d'été, nos bâtimens, comme ceux des Hollandais, allant à de grandes distances, embarquaient (comme on le fait pour la pêche de la morue d'Islande et pour celle de Terre-Neuve) tout ce qu'il fallait pour cette pêche lointaine, et pour préparer le hareng à la mer. Ils ne rentraient que vers la mi-octobre, époque où le poisson est près de la côte du Pas-de-Calais. Leur première campagne terminée, ils ressortaient pour la seconde, et pour suivre le hareng le long des côtes jusqu'à la Seine. Cette seconde campagne s'appelait *relouage*, parce que les matelots qui arrivaient de la première, contractaient un nouvel engagement pour celle qui allait suivre : c'est ce que nous voyons dans un arrêt du conseil du 17 décembre 1695, dont j'aurai occasion de parler plus tard. C'est cette campagne qui se terminait, d'après l'arrêt du conseil du 24 mars 1687, au 31 décembre : c'était la pêche d'automne. La pêche d'hiver, par ce moyen, se trouvait interdite.

Les Hollandais, comme ayant précédé les autres peuples dans l'exploitation de cette pêche, avaient remarqué que le hareng varie en qualité suivant les diverses périodes de la pêche. Aussi, dans le commerce, leur hareng portait-il la marque de trois saisons distinctes : on le marquait des trois fêtes de la Saint-Jacques, de la Saint-Barthélemi et de l'Exaltation de la Croix. Il y avait pour le poisson de ces diverses périodes, mais surtout pour celui de la première, un sel particulier.

On voit qu'il résulte des diverses échelles que fait la pêche du hareng, que la pêche d'été était pour nous une *pêche lointaine;* la pêche d'automne une pêche *de pleine mer* pour le commencement, *et côtière* pour une partie de sa durée; que la dernière pêche enfin, celle d'hiver, est une pêche *purement côtière,* le poisson alors se tenant fort près de la côte.

Pour épuiser ce qui concerne les faits historiques et géographiques de cette pêche, il faut dire encore au conseil que les époques de l'apparition du poisson ne sont pas invariables : elles avancent ou retardent, par suite de circonstances encore inconnues aux pêcheurs et aux naturalistes. Depuis 1816, il est arrivé sur nos côtes une circonstance fort remarquable à cet égard : c'est que le poisson ne se montre plus sur la côte du Calvados. Il tourne court une fois arrivé à l'embouchure de la Seine, et se porte sur la côte méridionale de l'Angleterre. On a donné à cet éloignement des causes imprégnées de toute la passion qui anime les Dieppois contre leurs concurrens; on l'a attribué aux filets de ces derniers, à la pêche dite au *chalut;* les Dieppois ont voulu même accuser l'exploitation d'hiver des pêcheurs du Calvados de cette disparition; mais l'histoire des pêches de ce poisson offre plusieurs faits semblables. Dans le quinzième siècle, nous le pêchions bien plus à l'ouest qu'à présent : nous allions le prendre jusque dans le voisinage de Jersey et de Guernesey. Anderson, dans son *Histoire du commerce*, cite une déviation pareille du banc sur la côte d'Ecosse. Dans la Baltique, il a aussi dévié souvent de sa marche habituelle.

Il semblerait résulter de la déviation qui s'est opérée sur la côte du Calvados, que la question qui s'agite n'aurait qu'un intérêt spéculatif; mais il faut la régler pour le cours ordinaire de la nature, qui finira par se rétablir (1). On peut d'autant mieux l'espérer, que, d'après nos pêcheurs, il y a eu plusieurs exemples de cette déviation du poisson sur nos côtes, et de son retour. Le conseil verra, du reste, que cette déviation est une source de difficultés nouvelles dans la solution de la question qui lui est soumise.

Tels sont les faits dont chacun des deux intérêts rivaux argumente pour soutenir le système de la liberté ou de la limitation : je vais soumettre au conseil l'analyse des argumens respectifs.

IIIe SECTION.

ARGUMENS DES PÊCHEURS ET SALEURS DE DIEPPE.

Les pêcheurs et les saleurs des ports du Nord de la Seine emploient divers argumens contre la liberté.

---

(1) Le poisson a commencé à revenir sur nos côtes à commencer de 1822. On verra, par les états placés à la fin du Mémoire, la progression croissante qu'il a suivie dans son retour.

Ils invoquent, d'abord, l'expérience consacrée par la législation ancienne, notamment l'arrêt du 24 mars 1687, confirmé, depuis, par divers arrêts du conseil, et remis en vigueur par un arrêt de règlement du parlement de Normandie de 1765, concernant la police de la pêche du hareng. Ils supposent que deux motifs ont, alors, déterminé le législateur; l'insalubrité du poisson de pêche d'hiver et le désir d'encourager particulièrement la pêche d'automne, qui, se faisant en pleine mer, forme beaucoup de marins, tandis que la pêche d'hiver, qui se fait sur la côte, le plus souvent dans des barques non pontées, par des femmes et des enfans, ne contribue en rien à former des hommes de mer. Ils disent que la pêche d'automne se faisant jusqu'à quatre-vingts lieues de distance de la côte exige de plus forts bateaux, et employe et forme de meilleurs matelots. Ces bateaux exigent des frais considérables; l'armement d'un pareil bateau coûte 30 et 35,000 fr. Cette pêche occupe, depuis Dunkerque jusqu'à Dieppe, de deux-cent cinquante à trois cents bateaux de quarante à soixante-dix tonneaux, chaque bateau de quinze à trente hommes d'équipage. Les produits de cette pêche sont très-suffisans pour la consommation du royaume et pour les exportations.

Au contraire, pour la pêche du Calvados, on s'éloigne à peine des côtes; on sort, avec une marée, sur une chaloupe avec cinq ou six hommes; on rentre avec l'autre marée. Dans les derniers temps le poisson se présente avec tant d'abondance dans les anses, les criques, qu'on peut le prendre à la pelle. Tous ces produits se salent; le vil prix auquel on donne le hareng de cette pêche, met en perte le hareng de la pêche d'automne. Les deux pêches ne peuvent co-exister. Enfin cette pêche se porte à un excès d'abondance telle, que l'on finit, disent les Dieppois, par prendre le poisson par bancs, dans les filets dits *guideaux*, où il vient s'échouer. (Les guideaux sont des filets dormans attachés à demeure à des pieux enfoncés dans la mer: ce sont ces pieux qu'on nomme *guideaux*; c'est une manière d'exploiter la pêche du poisson frais.) Lorsque le hareng y est pris avec cette abondance, il est dans un état de maladie; il éprouve une prompte décomposition. C'est l'origine d'une quantité de salaisons insalubres, dont il est, plusieurs fois, arrivé à la police de Paris de se plaindre: quelquefois, ces salaisons défectueuses, déposées sur les quais de Rouen, ont dû y être submergées, dans l'intérêt de la santé publique.

On s'appuie encore, pour défendre le système de la limitation, de l'exemple des Anglais et des Hollandais, qui, dit-on, limitent, aussi eux, le temps de la pêche. Ainsi, en résultat, c'est, d'abord, de l'insalubrité du hareng; ensuite de l'intérêt de la marine, comme lié intimement avec la prospérité de la pêche d'automne; c'est, enfin, de l'autorité des exemples, que les partisans de la limitation argumentent pour la justifier et la soutenir.

Depuis l'an huit ou 1800, Dieppe n'a pas manqué

une occasion de développer ces divers argumens, de faire intervenir les préfets et les autres autorités du département de la Seine Inférieure. Je rendrai ultérieurement compte des divers résultats de ses efforts.

IVe SECTION.

ARGUMENS DES PÊCHEURS ET SALEURS DE HONFLEUR.

Dans l'intérêt de la liberté ou de l'illimitation, on nie d'abord l'autorité des exemples : on dit que l'Angleterre ne limite point la pêche. Quant à l'autorité de l'ancienne législation, on observe que la limitation n'a commencé qu'avec l'arrêt du conseil de 1687. On oppose d'ailleurs à la prohibition de l'arrêt, de fréquentes dérogations portées par d'autres arrêts du conseil subséquens. Un arrêt du conseil du 17 septembre 1695, est venu la permettre, pour cette année, jusqu'au 24 mars. On cite deux arrêts ou ordonnances, rendus en 1726 et en 1744 pour la limitation, qui furent suivis, presque aussitôt leur publication, d'ordonnances prorogeant la durée de la pêche. La limitation portée par l'arrêt du 24 mars 1687, d'ailleurs, l'a été moins dans des vues d'intérêt public que par des considérations particulières. D'une part, on a voulu favoriser Dieppe, qui, à cette époque, faisait la plus grande partie de la pêche de ce poisson. La prohibition a encore été portée dans l'intérêt de l'archevêque de Rouen, qui, en sa qualité de seigneur de Dieppe, levait un droit sur le hareng qui se déchargeait dans ce port. Ce prélat se trouvait, par-là, intéressé à l'espèce de monopole que l'arrêt de 1687 tendait à créer en faveur de Dieppe. Enfin la limite, postérieure seulement de sept ans à l'ordonnance des gabelles, a encore été posée dans l'intérêt des fermiers-généraux, qui voulaient réduire autant que possible les délivrances de sel en franchise aux pêches.

Du reste, aujourd'hui, il est inutile d'en appeler aux anciennes lois. Des lois nouvelles non invoquées, confirmées par des décrets législatifs, ont rendu cette pêche libre en tout temps; il n'y a qu'une loi nouvelle qui puisse la limiter; une ordonnance n'a pu le faire. Depuis le régime de l'illimitation, il s'est formé des établissemens de salaisons considérables au Hâvre, à Honfleur et à Caen. La pêche et les salaisons et les autres professions auxiliaires occupent des milliers d'individus dans le Calvados. Les produits de cette pêche se vendent à bon marché : ils donnent à la classe pauvre un aliment abondant, et, de plus, salubre, car, quant à l'allégation d'insalubrité, depuis trente ans que la liberté de la pêche existe, l'expérience a réduit à sa juste valeur la prétendue insalubrité du hareng vide ou gai. Un gouvernement juste ne peut pas, dans l'intérêt de quelques villes, on peut le dire, dans l'intérêt presque exclusif de la ville de Dieppe, ôter à un département entier des moyens de travail qui lui sont offerts par la nature; et renchérir le prix d'une substance alimentaire qui est consommée par les classes pauvres et manouvrières, non-seulement dans ce département, mais encore fort loin dans l'intérieur. D'ailleurs on nie que l'on soit dans l'habitude de saler le hareng dans les périodes d'échouement que les mémoires de Dieppe décrivent : il y a des réglemens de police qui s'y opposent.

Il n'est pas vrai que la pêche d'hiver soit destructive de la pêche d'automne. Les produits de ces deux pêches, distingués dans le commerce par la préparation, le sont aussi par des prix différens ; ceux de la pêche d'automne se vendent plus cher : que les pêcheurs du Nord se contentent de leurs avantages, et qu'ils ne prétendent pas priver leurs voisins des produits inférieurs que la nature leur accorde dans l'arrière-saison ; cela est d'autant plus injuste, que les gens de Dieppe venaient habituellement à Honfleur, avant la déviation du banc, acheter des chargemens de harengs de la pêche de l'arrière-saison, qu'ils emportaient à Dieppe, pour le saler, et le vendre comme harengs de Dieppe.

Les armateurs et les saleurs de Dieppe, pour repousser l'imputation du monopole, observent que les habitans des côtes au sud de la Seine, peuvent, comme ceux du nord, aller à la pêche d'automne ; que personne ne les en empêche ; qu'il est dans l'intérêt de tous que la vileté du prix des produits de la dernière pêche ne déprime pas la valeur de ceux de la première, et, par suite, tende à la ruiner.

Tels sont, en substance, les argumens des deux intérêts opposés. Je rendrai maintenant compte au conseil des mesures qui ont été successivement prises par le gouvernement depuis que la question s'est élevée.

V.ᵉ SECTION.

MESURES ET ACTES DU GOUVERNEMENT DEPUIS LA LOI DE L'AN II.

LA première fois qu'elle fut agitée, ce fut pendant la courte paix d'Amiens : les armateurs et saleurs de Dieppe, profitant de la disposition du gouvernement consulaire à revenir sur les mesures excessives des gouvernemens qui l'avaient précédé, représentèrent le décret de la Convention nationale et l'illimitation de la pêche, comme étant une mesure purement révolutionnaire, et sur laquelle il était instant de revenir. Le préfet de la Seine-Inférieure, alors M. Beugnot, appuyait la révocation dans l'intérêt des pêches de Dieppe; on produisit alors tous les argumens que j'ai résumés. On représenta que la pêche des ports nord et sud de la Seine, ne donnait, ni en marins, ni en tonnage, ni en produits, les résultats de la pêche limitée, telle qu'elle se faisait avant la révolution. Le ministre de l'intérieur proposa au gouvernement, par un rapport exprès, de revenir à la limite du 31 décembre. La question, renvoyée au conseil, y fut rapportée par M. le comte Regnault; nous n'avons point son rapport aux archives du conseil. La discussion se termina par le décret du 13 pluviose an XI (2 février 1803), dont l'art. 1er porte que la pêche continuera d'être libre, et non limitée, conformément à la loi du 15 vendémiaire an II; après cette énonciation catégorique, l'arrêté procède à établir un système particulier d'encouragement pour la pêche d'automne, dont il est important de dire quelque chose.

On accorde une prime de 50 francs par homme et par batiment de 25 tonneaux au moins, ayant un équipage de vingt hommes et au-dessus. Les produits de cette pêche devaient être étampés, par les employés des douanes, de la marque *pêche d'automne*, avec l'année, et cette marque ne pouvait être apposée que depuis le 15 fructidor jusqu'au 15 pluviose, c'est-à-dire entre le premier septembre et le 24 janvier. Le conseil remarquera que cette période allouée pour la marque étendait la pêche d'automne bien au-delà de l'arrêt du 24 mars 1687 (1). Indépendamment de l'encouragement de la pêche d'automne, l'arrêté contient encore quelques dispositions de police sur les produits de la pêche du poisson; il est défendu, sous peine de mille francs d'amende et de

---

(1) C'est évidemment une faute que d'étendre aussi loin, dans la marque d'inspection, la pêche d'automne : elle devrait se borner au 31 décembre.

confiscation, de mêler du hareng vide avec du hareng plein dans les barils présentés à la marque : tel est le système auquel le gouvernement s'arrêta, en l'an 1803.

Le rétablissement de l'impôt sur le sel offrit aux armateurs et aux saleurs de Dieppe une nouvelle occasion pour reproduire la question. La loi des finances du 24 avril 1806, qui rétablit cet impôt, portait, art. 55, que *le sel serait délivré en franchise de droits pour les pêches maritimes et pour les salaisons destinées aux approvisionnemens de la marine et des colonies*. Le décret du 11 de juin 1806, qui organisait la perception de cet impôt, contenait, dans les titres III et IV, des dispositions fort étendues pour régulariser ces délivrances, et exercer la surveillance qui devenait nécessaire sur les ateliers de salaison, afin d'éviter que, sous prétexte de saler, on ne versât frauduleusement du sel dans la consommation ; c'était à quoi l'ordonnance des gabelles de 1680 avait pourvu sous le régime de l'impôt du sel ; mais nulle part on ne voit dans le décret, de limitation d'époque pour cette délivrance.

Cependant l'exécution des mesures prescrites donnant lieu à des plaintes, il fallut penser à revenir aux dispositions de l'ordonnance de 1680, qui concernent la police des salaisons : les armateurs et saleurs de Dieppe, dès qu'ils surent que le gouvernement s'occupait de cet objet, et l'on avait consulté, à cet égard, les chambres de commerce des ports, les armateurs et saleurs reproduisirent la proposition de limitation, mais elle fut encore repoussée. La nouvelle discussion, qui avait pour objet de régler les salaisons du hareng et du maquereau, se termina par le décret du 8 octobre 1810, qui est intitulé : *décret concernant la pêche du hareng et du maquereau sur la côte comprise entre Calais et Barfleur, ainsi que la salaison et la vente de ces poissons.* L'art. 2 de ce décret porte : « Le décret du 13 pluviose an XI, « portant que la pêche du hareng continuera d'être « libre et non limitée, conformément à la loi du 15 « vendémiaire an II, sera exécuté dans toutes ses « dispositions. »

L'art. 3 porte : « L'administration des douanes « continuera de délivrer des sels en franchise pour « la salaison du hareng et du maquereau, même après « le premier janvier, et pour la pêche sur la côte « des départements de la Seine et du Calvados, et « autres. » Les quantités sont ensuite déterminées.

Les pièces de ce travail nous apprennent un fait intéressant. Il paraît que l'administration des douanes, depuis le décret de 1806, avait pris sur elle de limiter au 31 janvier la délivrance du sel en franchise, et dans une rédaction du décret, on proposait d'approuver cette décision. La disposition de l'art. 3 ferait croire que l'administration des douanes aurait eu l'idée de faire cesser, au 31 décembre, la franchise. Il y a dans la rédaction de cet article quelque obscurité.

Les choses sont demeurées sur le pied établi par le décret, et la pêche a été illimitée : les délivrances de sel se sont faites, même en février, jusqu'à la restauration.

A cette époque, en 1814, les dispositions du décret du 8 octobre 1810 paraissant avoir besoin d'être revues en quelques points, on remit de nouveau en discussion, au ministère de l'intérieur, la matière de la pêche et de la salaison du hareng et du maquereau. La question de limitation fut de suite élevée par les armateurs de Dieppe. Un projet d'ordonnance fut renvoyé au comité de l'intérieur, dans lequel on proposait de rétablir la limite au 31 décembre. Le comité, sur le rapport de M. le baron Cuvier, fut d'avis d'écarter les dispositions tendantes à limiter la pêche.

Le ministre n'adopta point cet avis; pendant les délibérations du comité, on avait réuni à Honfleur les pêcheurs et les saleurs, que le bruit de la proposition tendante à limiter au 31 décembre avait alarmés. On leur fit craindre que, s'ils ne se prêtaient à quelque concession, on ne rétablît l'ancienne limite. Le maire de Honfleur écrivit au maire du Hâvre une lettre dans laquelle il demandait qu'on permît au moins la pêche jusqu'au 15 janvier. Dans le ministère, on prit cette lettre comme une proposition de transaction, et l'ordonnance du 14 août 1816 fut promulguée avec la limitation de la pêche au 15 de janvier. C'est ce que dispose l'article 2 de l'or-

donnance, qui est ainsi conçu : « La pêche du ha-
« reng s'ouvrira le premier septembre et se fermera
« le 15 janvier dans tous les ports du royaume; les
« autres pêches restent libres et non limitées. »

Comme on le voit, l'ordonnance abroge en deux
points essentiels la loi de 1793 : celle-ci permettait
d'ouvrir et de fermer la pêche à volonté; l'ordonnance en fixe l'ouverture au 1er septembre, et la
ferme au 15 janvier.

A peine l'ordonnance fut-elle publiée, que les réclamations arrivèrent. Le maire d'Honfleur expliqua
sa lettre au maire du Hâvre comme l'effet d'une méprise. Par une circonstance qui n'est pas rare, l'arrivée du poisson se fit, cette saison, attendre plus tard
que son époque ordinaire, sur les côtes au sud de la
Seine et même à son embouchure. Ce retard fut, cette
fois, le signal de la déviation du banc. Les réclamations furent renvoyées au comité de l'intérieur, qui
fut d'avis, qu'attendu les difficultés où l'on se trouvait pour les subsistances alors, il convenait de prolonger la saison de la pêche. Par suite de cet avis, et
en vertu d'ordres du ministre, elle le fut, pour cette
année, jusqu'au 31 janvier. En 1817, la cherté des
subsistances ayant continué, une ordonnance du 24 décembre 1817, prolongea encore, cette année, la pêche jusqu'au 31 janvier; mais pour cette fois, et « sans
« tirer à conséquence, » dit l'ordonnance.

Le conseil général du département du Calvados
fit, dans la session de cette année, des représenta-

tions on ne peut plus énergiques et on ne peut mieux motivées, dans lesquelles il discutait à la fois l'utilité et la légalité de la limitation. De son côté le département de la Seine-Inférieure, dans toutes ses sessions depuis 1816, n'a cessé de demander le maintien de l'ordonnance du 14 août 1816. Ce conseil apprenant, cette année, que la question allait de nouveau s'agiter au conseil d'État, a reproduit ses réclamations, qui sont au dossier.

Le ministre ne put qu'être frappé de la gravité des motifs exposés par le conseil général du Calvados. Les réclamations de ce département étaient appuyées par tous les organes naturels de la population : les maires et officiers municipaux de Caen et d'Honfleur, et de plusieurs autres ports du Calvados; les chambres de commerce de ces deux premières villes, le préfet, enfin, qui portait dans des correspondances réitérées les plus vives instances.

Quelque force que pussent mettre et les pêcheurs et saleurs des ports du nord dans leurs réclamations pour la limitation, et le conseil général du département de la Seine-Inférieure dans l'émission de son vœu pour la même mesure, il s'attachait une grande faveur aux réclamations du Calvados, qui demandait la liberté de profiter des avantages qui lui sont offerts par la nature, celle d'exploiter une substance alimentaire abondante; enfin, la jouissance d'un droit acquis et fondé sur l'autorité et la solennité d'une loi.

Le ministre crut devoir s'éclairer de l'opinion du

conseil général de commerce établi auprès de lui : il lui renvoya la question, pour qu'il eût à donner son avis. Le rapport y fut fait par M. Castel, maire de Dieppe, envoyé par cette ville et employé par elle, depuis plusieurs années, à défendre ses intérêts en diverses occasions. Le conseil général du commerce, après en avoir délibéré préalablement dans deux séances, les 13 et 20 octobre 1820, et dans la séance du 3 novembre de la même année, réuni au nombre de dix membres, sous la présidence de M. Hottinguer, vota à l'unanimité pour l'illimitation. Deux députés du Calvados étaient présens à cette séance. Le conseil fut en grande partie déterminé dans cette opinion par un rapport qui avait été envoyé en 1816 au ministère de la marine sur cette matière, par M. Froment, commissaire-général ordonnateur à Cherbourg, mais qui était arrivé trop tard pour servir à la délibération de l'ordonnance du 14 août 1816. Après l'avis du conseil général du commerce, le ministre de l'intérieur dressa de sa main, et proposa à la signature du Roi l'ordonnance du 6 décembre 1820, dont j'ai parlé plus haut, et qui a prolongé jusqu'au 31 janvier la pêche du hareng.

Cette ordonnance ne s'annonce encore que comme mesure provisoire ; en conséquence, le ministre crut devoir renvoyer l'affaire, pour un nouvel et plus ample examen, à un grand ordre du jour du conseil général de commerce. Les séances de grand ordre du jour sont tenues extraordinairement sous la présidence du ministre. Le conseil alors, indépendamment de ses membres ordinaires, est composé de négocians ou autres habitans des ports, que le ministre y appelle. Après plusieurs délibérations, le conseil, ainsi extraordinairement réuni, alla aux voix. Sur dix-neuf votans, onze opinèrent pour la limitation, huit contre; et, quant à l'époque, dix voix contre neuf opinèrent pour la fixer au 15 janvier : tel fut le résultat de cette dernière discussion; c'est après ces longs débats que le ministre (M. le comte Siméon) a pensé que l'affaire devait subir un examen définitif au conseil.

Comme je l'ai déjà dit au commencement du Rapport, l'administration des douanes soutient le parti de la limitation. M. le directeur-général des douanes, dans diverses lettres au ministre de l'intérieur, notamment dans une lettre du 27 avril dernier, défère des faits nombreux de fraude de la part des pêcheurs des petits ports du Calvados, qui, sous le prétexte d'aller à la pêche, vont dans la baie de Portsmouth acheter des harengs des pêcheurs anglais, contrairement aux lois qui le défendent. On se fait donner en franchise, pour saler ces produits, du sel dont on abuse pour faire la contrebande. En général, la pêche tardive paraît à cette administration une grande occasion de fraude. Le poisson de cette pêche étant vidé et maigre, il exige moins de sel. Cependant, les délivrances sont les mêmes que pour de bon poisson : on vend le surplus. M. le directeur des douanes a reçu plusieurs avis de M. Séguier, consul-général de France à Londres, qui annoncent qu'il a été lui-même instruit par son agent à Portsmouth, que les pêcheurs de ces petits ports allaient ainsi acheter du poisson anglais dans cette baie. Les saleurs de Portsmouth eux-mêmes dénoncent cette contravention aux agens français, parce que ces ventes, qui sont défendues par les lois de l'Angleterre, haussent pour eux-mêmes le prix du poisson. On a cité par leur nom plusieurs bateaux français qui sont venus faire ce trafic. L'administration des douanes voudrait, comme moyen de parer à ces fraudes, c'est-à-dire à l'achat du poisson étranger et à celle qui se fait au moyen de la salaison du poisson vide, ou bien que l'on fermât la pêche au 31 décembre, ou qu'on ne donnât plus de sel, ou qu'on en donnât seulement moitié passé cette époque, ou du moins après le 15 janvier : telles sont les propositions de l'administration des douanes.

J'ai terminé l'exposition et des faits et des diverses mesures dont cette question a été l'objet de la part du gouvernement. J'arrive enfin à la discussion des questions proposées à l'examen du conseil. La question principale est celle de la limitation ou de l'illimitation de la pêche : la question subsidiaire est celle de savoir si l'on cessera de donner du sel avant la cessation de la pêche, ou si l'on diminuera la quantité du sel.

VI.ᵉ SECTION.

PEUT-ON RÉVOQUER PAR ORDONNANCE LA LOI DU 6 OCTOBRE 1793.

Sur la question de limitation, on demande, d'abord, si cette limitation peut être prononcée par ordonnance, et, en second lieu, si elle convient ou non à l'intérêt public. La solution des difficultés proposées par l'administration des douanes est, en grande partie, subordonnée à celle de la question de la limitation; ce n'est que lorsque cette question sera vidée qu'il y aura lieu de s'en occuper. Je vais donc examiner d'abord la question relative à la nécessité d'une loi ou d'une ordonnance, et celle qui concerne le mérite respectif des deux systèmes de la liberté ou de la limitation.

La loi du 15 vendémiaire an II (6 octobre 1793.) portait en termes formels : « Il est permis à tout « Français de commencer et finir à volonté et sans « détermination d'aucune époque, la pêche du maquereau et du hareng sur les côtes de la République, en se conformant d'ailleurs aux lois du « code maritime relatives à la pêche, et non encore « abrogées. » Cette disposition, comme l'a vu le conseil, a été expressément maintenue par un arrêté consulaire de 1803 et par le décret du 8 octobre 1810. Je crois que ce serait abuser du temps du conseil que de discuter long-temps sur la question proposée, avec une loi et deux actes législatifs aussi exprès.

Je vois, dans les dossiers, qu'au ministère de l'intérieur, pour justifier la disposition de l'ordonnance, on a voulu distinguer entre les actes de la Convention qui sont d'une nature législative, et ceux dans lesquels elle a fait de l'administration. Dans un mémoire de Dieppe qui a été distribué au conseil, on appelle le décret du 6 octobre 1793, un décret *réglementaire*.

Je crois que sans entrer ici dans le mérite de cette distinction et dans la discussion des limites qu'il faut lui donner, tout le monde sera disposé à reconnaître que, défendre aux habitans d'un pays l'exercice de la pêche qui leur est annuellement offerte par les mers qui le baignent; lui interdire à la fois et le travail et la nourriture que cette pêche lui présente, est un acte qui ne peut émaner que de l'autorité souveraine de ce pays, en quelques mains qu'elle réside. C'est bien comme cela que la chose a été entendue en 1687. Ce n'est ni une ordonnance locale, ni un arrêt du parlement de Rouen ou de Paris, qui a borné la durée de la pêche : c'est un acte de l'autorité législative, que le Roi exerçait sous la forme d'arrêts du conseil. C'est par un acte législatif que la pêche a été rendue libre : cette liberté a été maintenue, depuis, par deux actes d'une nature législative; c'est une loi qui, en 1806, lorsque l'impôt du sel a été rétabli, a voulu que le sel fût donné franc d'impôt, sans limitation d'époque ou de durée, pour saler *les produits des pêches maritimes.* Toute la matière a donc, jusqu'à l'ordonnance du 14 août 1816, été réglée par des lois.

En laissant d'ailleurs de côté la question de partage entre le domaine de la loi et celui de l'ordonnance, il me semble que s'il y a un acte qui doive être arrêté avec la solennité, avec l'autorité enfin d'une loi, c'est celui-là. Il s'agit, dans un grand intérêt public, de supprimer des établissemens formés sur la foi d'une loi, soutenus pendant 30 ans; d'ôter aux habitans d'une partie des côtes, des droits acquis et fondés sur une loi. Je n'hésite donc point à penser que, si l'on croit devoir persister dans le système de la limitation, cette limitation doit être la matière d'une proposition législative formelle; mais lequel des deux systèmes convient-il d'embrasser définitivement? C'est la question principale, qu'il n'est pas si aisé de décider.

VIIe SECTION.

RÉSUMÉ DES ARGUMENS OPPOSÉS.

Il est bien important, avant tout, de déterminer les questions qui sont controversées. On invoque l'autorité de l'expérience antérieure, et de l'ancienne législation, et celle des exemples que nous donnent à cet égard l'Angleterre et la Hollande. On soutient que l'illimitation est destructive de la bonne pêche, qui est celle d'automne; que la limitation à laquelle la pêche a toujours été soumise, dans ces deux pays comme en France, était ordonnée dans l'intérêt supérieur de la conservation de la pêche d'été et d'automne, comme formant plus de marins, comme donnant des produits supérieurs en qualité, soit pour la consommation, soit pour le commerce; tels sont en résultat les raisonnemens employés en faveur de la limitation. Il est bien essentiel de remarquer que ce n'est pas seulement la salaison du hareng de pêche tardive que les Dieppois veulent qu'on interdise: c'est encore la pêche de ce poisson, qui se peut, au moins, consommer frais encore deux grands mois, et même trois après le terme de l'arrêt du conseil du 24 mars 1687.

VIIIe SECTION.

EXAMEN DE L'ANCIENNE LÉGISLATION.

Examinons, d'abord, l'autorité de la legislation antérieure à la révolution, et lisons l'arrêt du 24 mars 1687 (1).

Il résulte de cet acte qu'il est le premier qui ait limité la pêche, puisque l'arrêt n'invoque que des usages auxquels il a pour objet de donner force de loi:

_____

(1) *Voir* l'arrêt aux pièces jointes.

et, en effet, l'ordonnance de 1681 (l'ordonnance des gabelles), qui a un titre spécial, sur la pêche du hareng, ne contient aucune clause limitative. Au contraire, le livre consacré à la pêche, débute par déclarer la pêche *libre et commune* à tous les sujets français. Il pourvoit, sans limite aucune, à la délivrance en franchise des sels pour les pêches; non seulement aux saleurs, mais encore aux *bourgeois* des ports. On voit d'ailleurs par des actes anciens, rapportés par M. Noël de la Morinière, inspecteur-général des pêches, dans son premier volume de l'*Histoire des pêches*, ouvrage sortant des presses du gouvernement, que la pêche du hareng, anciennement, n'était par limitée. Il dit expressément que la pêche n'avait d'autre époque de clôture que celle de la disparition du hareng, lorsque les premières chaleurs du printemps se font sentir.

L'arrêt du conseil du 24 mars 1687 a donc été introductif d'un droit nouveau. Mais cette disposition de l'arrêt de 1687 a-t-elle été toujours exécutée ? Nullement : il y a d'abord été dérogé presque aussitôt sa promulgation. C'est ce qui est constaté par un arrêt du conseil du 17 septembre 1695 (1), qui prolonge au 15 mars la pêche du hareng pour cette année, et reconnaît que plusieurs décisions antérieures avaient, pour les précédentes années, prononcé de semblables prolongations. Il est bien à présumer que cette

(1) *Voir* cet arrêt aux pièces jointes.

suspension de la limitation aura duré pendant toute la guerre qui se termina à la paix d'Utrecht. Je n'ai pu vérifier d'autres arrêts de suspension qui sont invoqués dans les Mémoires de Honfleur, comme ayant été rendus en 1726, 1744, 1759. Mais en 1767 la question fut l'objet d'un procès solennel, devant le parlement de Paris, entre les marchands saleurs de Dieppe et les marchands de poisson salé à Paris, connus sous le nom de *marchands de salines*.

D'après le texte de l'arrêt de 1687, on interdisait la pêche d'hiver pour empêcher que ses produits ne nuisissent à ceux de la pêche d'automne. Pour atteindre ce but, il aurait suffi d'empêcher la salaison du poisson de la pêche d'hiver, puisqu'il ne s'agissait que de soutenir le prix du hareng salé d'automne. Mais l'arrêt va bien plus loin; il interdit même la pêche après Noël. Néanmoins il paraît bien que cette partie de la prohibition était fort souvent éludée. On apportait à Paris et à Rouen du hareng frais après l'époque de la fermeture de la pêche. Un arrêt du conseil du 20 décembre 1710, défend de vendre du hareng frais après la fin de décembre. Les saleurs de Dieppe attaquèrent les *marchands de salines* de Paris, pour violation de la prohibition. Un arrêt du parlement de Paris du 5 septembre 1768, rendu sur les conclusions du procureur-général, permit de vendre du hareng frais depuis le 1er septembre jusqu'au mercredi des Cendres. Il suffit, pour le moment, d'avoir constaté les dérogations faites à l'arrêt de 1687, depuis sa promulgation. Passons à l'exemple de la Hollande et de l'Angleterre.

IX.ᵉ SECTION.

EXEMPLES TIRÉS DES AUTRES PAYS.

Le comité de l'intérieur dit, dans son avis, « que « l'Angleterre ne limite point la durée de la pêche. » Cela est constant : mais il devient nécessaire d'entrer à cet égard dans des preuves détaillées, et de donner, sur la manière dont se pratique cette pêche en Angleterre, et sur la législation y relative, quelques développemens qui détermineront sans retour l'autorité de l'exemple de cette puissance. Nous examinerons ensuite l'exemple de la Hollande; j'ajouterai enfin l'exemple de la Baltique, où l'on fait une pêche immense, et celui des Etats-Unis d'Amérique, où la pêche est aussi fort abondante.

§ I.ᵉʳ. *Pêche de l'Angleterre.*

On pêche le hareng en Angleterre depuis le nord des Orcades et à partir du mois de juin, jusque vers l'embouchure de la Tamise et jusqu'en janvier et février. Il y a mieux; on peut se convaincre par le voyage de Pennant aux Hébrides, écrit en 1776, que le hareng se pêche jusqu'en janvier dans les baies profondes de l'Ecosse, où ce poisson se jette avec une abondance presque miraculeuse. On peut aussi voir, dans l'encyclopédie anglaise de *Ree* (1), combien tard se fait la pêche de ce poisson en Irlande. Les Irlandais le salent dans des fosses qu'ils pratiquent dans la terre. Dans la législation de l'Angleterre relative à l'impôt du sel et aux exemptions accordées aux sels destinés aux produits des pêches maritimes, on ne trouve pas trace de limitation pour la délivrance du sel destiné à la pêche du hareng.

Dans des mémoires venus de Dieppe, où l'on a pourtant reconnu l'illimitation existante en Angleterre, on a fait un raisonnement digne de remarque. On dit que si la pêche est libre en Angleterre, c'est que la législation de ce pays a compté sur la préférence connue des Anglais pour les produits d'une qualité supérieure. Les Anglais, dit-on, ne consomment pas les produits des pêches tardives : ils les emploient surtout comme engrais.

On conviendra qu'au moins comme engrais, il y aurait quelque chose de bien excessif à empêcher les habitans des côtes de la France de prendre le hareng en toutes saisons. Mais l'idée de la limitation en Angleterre est une chimère; on veut toujours que l'Angleterre limite la pêche, parce que sur l'arrière-saison, le hareng est vide; mais il est de fait que, de temps

---

(1) *Encyclopédie de Ree*, aux mots *Hareng* et *Pêcheries*.

immémorial, depuis Edouard-le-Confesseur, à qui l'on doit un statut fort important sur cette pêche, les Anglais, dans la salaison et le commerce, distinguent, comme toutes les autres nations, comme nous le faisons nous mêmes, le hareng plein du hareng vide (1); mais qu'ils salent l'un comme l'autre, tant qu'il paraît propre à subir cette préparation. Les lois anglaises relatives à l'impôt du sel, accordent le sel en franchise pour la conservation de tout poisson *salubre et marchand;* c'est la seule limite qu'elles posent à la salaison.

Nous avons une preuve bien récente et bien positive de l'absence des limites : c'est la lettre précitée de M. Séguier, consul-général de France à Londres, du 23 décembre 1820, dans laquelle il dénonce les achats de poisson qui se font à Portsmouth dans l'arrière-saison par des pêcheurs du Calvados et depuis la déviation du banc. M. Séguier dit, ainsi que je l'ai déjà rapporté, que son agent à Portsmouth est informé *par les saleurs de ce port,* des achats de nos pêcheurs. Les saleurs de Portsmouth voient avec peine les produits de la pêche anglaise se soustraire à leurs opérations : remarquons que ce sont des produits de la pêche d'arrière-saison. Il paraît donc que ces saleurs pensent différemment de nos saleurs de Dieppe, qui redoutent l'exubérance des produits de

---

(1) *Encyclopédie britannique*, aux mots *Hareng* et *Pêcheries.*

nos pêches. La lettre de M. Séguier nous apprend que les pêcheurs de Portsmouth protègent cette contrebande comme favorisant le débit de leur poisson, ce qui se conçoit; les pêcheurs ayant un intérêt différent de celui des saleurs.

Entrons plus avant dans le système que suit l'Angleterre, quant à la pêche du hareng.

Comme je l'ai déjà dit plus haut, l'Angleterre avait long-temps négligé cette pêche, dont le théâtre principal, et le premier qui s'ouvre en Europe, est sur les côtes d'Ecosse, et presque dans les eaux de ce royaume. Mais, sur la fin du dix-septième siècle, elle fit des efforts pour en encourager l'exploitation par de grands bâtimens, à l'instar des Hollandais. Jusque-là, la pêche n'était exploitée, sur les côtes de l'Ecosse et sur celles des îles Orcades et des Hébrides, que comme pêche côtière, et par de très-petits bâtimens, et même avec des chaloupes. C'était notamment le mode d'exploitation des habitans des Hébrides et des côtes de l'Ecosse septentrionale.

En 1730, on fit de nouveaux efforts en faveur de cette pêche lointaine. On était encore sous l'empire de l'admiration que toute l'Europe avait éprouvée, dans le dix-septième siècle, en voyant les miracles de la pêche hollandaise. On forma des compagnies avec de grands capitaux, à qui l'on donna des primes considérables par tonneau de mer des bâtimens armés pour cette pêche. En 1750, des statuts particuliers donnèrent une nouvelle impulsion à la formation de ces compagnies (1). Deux écrivains économistes du premier ordre, *Smith* et *Anderson*, ont écrit sur ce système d'encouragemens et sur ses résultats.

Smith nous apprend que les compagnies sont bientôt tombées en déconfiture, malgré les encouragemens du gouvernement. Il n'est resté de ce système que les primes particulières qui ont été conservées aux produits de haute mer pêchés depuis une certaine époque jusqu'à une autre. Les deux écrivains que j'ai cités ont blâmé cette imitation aveugle du système hollandais, surtout *comme étant destructive de la pêche faite par chaloupes sur les côtes*.

Anderson, qui a traité spécialement cette matière, insiste sur les « avantages qu'a l'Ecosse sur la Hol-
« lande, en ayant le poisson sous la main, tandis que
« les pêcheurs de Hollande sont obligés de faire deux
« cents lieues pour aller chercher les parages qu'il
« affectionne. De cette différence de position doit ré-
« sulter une différence dans les modes d'exploitation.
« Il est naturel que le Hollandais s'expédie sur des
« bâtimens pontés; qu'il embarque du sel et des ba-
« rils, et un équipage plus nombreux pour saler le ha-
« reng, qu'il ne pourrait chaque jour porter à terre,
« comme peuvent faire les habitans des côtes, pour
« le saler, sans abandonner la pêche au moment le

---

(1) Smith, *Richesse des Nations*. — Anderson, *Lettres sur l'Ecosse*, 1777.

« plus important. Pourquoi l'Ecossais en ferait-il au-
« tant? Il a le poisson sur la côte, dans ses baies,
« dans ses rivières; la chaloupe qui a pêché la nuit
« peut rentrer le matin, mettre sa pêche à terre, la
« livrer aux saleurs; l'opération de la salaison sera
« faite par des femmes et des enfans : on économi-
« sera des frais; la denrée sera livrée à meilleur mar-
« ché à la consommation du pauvre. » Tels sont les
développemens auxquels se livre Anderson. Pennant,
dans son *Voyage aux Hébrides*, est du même avis.
Ces trois écrivains, qui ont tous écrit sur cette matière vers la même époque, ont donc regretté les
mesures que le gouvernement prenait pour encourager la pêche en grande mer et par grands-bâtimens,
de préférence à la pêche côtière. Ce sont là des opi-
nions bien opposées à celles de nos pêcheurs de
Dieppe.

La matière, en 1786, étant devenue l'objet des
délibérations du parlement d'Angleterre, l'avis du
comité de la Chambre des communes, chargé d'examiner les moyens d'accroître la pêche, a été conforme à celui de ces écrivains. Il a estimé qu'il fallait, *sans abandonner le système des primes pour
la pêche de haute mer, tendre à encourager la pêche côtière, en formant, sur tous les points de la
côte que fréquente le poisson, des établissemens*.
C'est l'avis qui a été adopté, et le système a été constamment amélioré par des actes successifs de la lé-
gislature, notamment les actes des années 48 et 55

de Georges III. En même temps, par ces divers actes, on a accordé des primes diverses aux diverses natures de salaison. Un bureau de sept commissaires a été formé à Edimbourg, pour surveiller les pêches seulement dans la Grande-Bretagne. Ces commissaires ont sous leurs ordres des inspecteurs placés dans chaque lieu où il existe des ateliers de salaisons. Il y en a trente dans les deux royaumes. Tous les ans, ces commissaires font un rapport, qui est soumis au parlement, et qui est du plus haut intérêt (1).

---

(1) Depuis la date de ce travail, voici l'état de la pêche du hareng en Angleterre. L'impôt du sel, comme on le sait, a été entièrement aboli. Tant que l'impôt a duré, on accordait des primes, et pour la salaison et pour l'exportation. Depuis l'abolition, le parlement, par deux actes successifs, a prévenu que, passé ce délai, les primes seraient retirées. Le dernier délai a été fixé au 5 avril 1830. Dans leur rapport du 31 octobre 1826, les commissaires des pêches témoignent l'inquiétude que le retirement des primes n'amène la diminution des produits, qui ont constamment augmenté depuis leur établissement. On pourra juger de l'accroissement, quand on saura qu'en 1810, la totalité du hareng salé n'était que de quatre-vingt-dix mille barils, et qu'en 1825 elle a été de trois cent soixante dix-neuf mille barils : elle s'est élevée en 1821 jusqu'à quatre cent quarante-deux mille barils. Cette même année 1825, sur les trois cent soixante-dix-neuf mille barils, il en a été étampé pour l'exportation deux cent quatre-vingt-quatorze. Les primes et l'inspection étaient sans doute différentes pour la consommation, de ce qu'elles étaient pour l'exportation. Les rapports des commissaires, si j'en juge par ceux des deux années 1818 et 1826,

Ainsi l'Angleterre donne, et par sa pratique et par son système, le démenti le plus formel aux partisans de la limitation. Ce qui a pu faire croire qu'en Angleterre la pêche était limitée, c'est que les primes sont données aux bâtimens d'un certain tonnage qui vont pêcher à certaine hauteur depuis une époque déterminée, et rentrent à une époque également fixée. On voit le but de ces fixations ; mais ce système est un encouragement spécial donné à une certaine nature de pêche, avec liberté plénière pour les autres.

§ II. *Pêche de la Hollande.*

Quant à la Hollande, tout ce qui vient d'être dit sur le système de l'Angleterre montre comment cette puissance (la Hollande) a pu et dû avoir un système particulier. Le hareng ne va pas en grande quantité sur ses côtes. Sa pêche principale, depuis le seizième siècle, a toujours été sur les côtes de l'Ecosse et de l'Angleterre ; elle pêchait auparavant à l'ouverture de la Baltique. Mais on s'est tout à fait mépris sur

---

que j'ai à ma disposition, sont on ne peut plus intéressans pour faire connaître l'état de cette pêche en Angleterre. Il faut voir, dans l'état de 1826, le nombre de bateaux et d'hommes que cette pêche a employés : pas moins de quarante-quatre mille hommes de mer, et, y compris les ouvriers à terre, soixante-quinze mille individus.

son système, lorsqu'on l'a invoqué comme exemple de limitation, et surtout d'une limitation absolue, comme celle portée par l'arrêt de 1687 et invoquée par les saleurs et les pêcheurs dieppois.

Il y a au dossier une ordonnance du roi de Hollande, du 6 avril 1818, qui paraît compilée des anciens règlemens sur la matière, et qui contient de nombreuses dispositions sur la police de la pêche du hareng. On a argué de cette ordonnance dans les dernières discussions au ministère de l'intérieur. Il s'y trouve en effet quelques articles d'où l'on a pu induire la limitation; mais, en la lisant avec soin, on voit que, même d'après cette ordonnance, elle n'existe pas, et qu'il y a seulement quelques restrictions, quelques priviléges en faveur d'une pêche que les Hollandais affectionnent plus spécialement, comme ayant été la source de leur ancienne puissance, en faveur de la pêche de première saison. Ce qui a pu faire croire à la limitation, c'est l'article 26, qui est ainsi conçu : « Avant le 24 juin, et après le 31 dé-« cembre, il ne sera permis à aucun habitant du « royaume de jeter le filet pour prendre du hareng « *en pleine mer.* »

Mais, d'abord, le paragraphe suivant fait exception pour le hareng qui sera pris par les bâtimens allant à la pêche de la morue au *Dogger bank*; ensuite, l'article 30 porte que les Etats provinciaux pourront fixer l'époque *de la petite pêche, ou pêche du hareng frais.*

Il y a donc des pêches auxquelles la disposition générale de l'article 26 ne s'étend pas. En effet, par l'ordonnance, on voit, comme nous le savons d'ailleurs par les écrivains politiques hollandais, qu'en Hollande on distinguait plusieurs pêches du hareng. Il y en a trois : la *grande pêche*, la *petite pêche*, la *pêche côtière*. La disposition prohibitive de l'article 26 ne s'applique qu'à la grande pêche. L'article 13 la définit en ces termes : « La grande pêche,
« ou la pêche du hareng destiné *à être salé et mis*
« *en caque*, est celle qui se fait durant l'été et l'au-
« tomne, avec des bâtimens à quille, à la hauteur
« de Shetland et d'Edimbourg, et sur les côtes d'An-
« gleterre. » La petite pêche, ou la pêche pour le hareng frais, est, comme le voit le conseil, permise au gré des Etats provinciaux. Où se fait cette seconde pêche, et comment se fait-elle? L'article 15 le dit :
« Cette pêche se fait en pleine mer, principalement
« dans les parages à l'est d'Yarmouth, avec des ba-
« teaux plats sans quille, qui, ordinairement, n'en-
« trent pas dans les ports, mais abordent sur les
« côtes. » Cet article, à la suite de cette définition, ajoute : « En maintenant provisoirement sur l'ancien
« pied la prohibition de caquer *en mer ou à terre* le
« hareng de cette pêche; néanmoins, sur la proposi-
« tion des Etats provinciaux, le Roi pourra ultérieu-
« rement statuer si, et jusqu'à quel point et en quel
« temps, on pourra caquer *en façon de hareng pec*,
« le hareng de cette pêche, en ayant égard aux intérêts

« de la grande pêche et au maintien de la réputation
« acquise au hareng des Pays-Bas. » Il n'est question
là que de la défense de faire du hareng pec, ou hareng blanc, avec le hareng de cette seconde pêche.
Enfin, aux termes de l'article 17, la troisième pêche
est « celle qui se fait avec ou sans bateau, dans toute
« l'étendue du royaume, dans les rivières et à leurs
« embouchures, dans les rades, les golfes et le long
« des côtes, jusqu'à une lieue du rivage. » L'article 18
défend à toute personne, sous peine d'un emprison-
nement d'un mois et de cinq florins d'amende, de *caquer* ou *mettre en saumure* ce dernier hareng.

Assurément, on ne saurait voir dans ces dispositions une limitation de la pêche. Loin d'interdire aux
habitans des côtes de la Hollande de prendre du hareng, on classe cette pêche côtière à part : la grande
pêche a une époque fixe. On interdit seulement, et
encore conditionnellement, de préparer en hareng
pec ou hareng blanc, les produits de la petite pêche,
et absolument de mettre en saumure ceux de la pêche côtière; mais il n'est pas question d'interdire la
pêche du poisson tant qu'il s'en présente. Du reste,
nous savons que les Hollandais ont de tout temps
salé et même caqué du poisson pris jusqu'au 31 janvier. Le comité de l'intérieur, dans son avis, a dit
avec raison que le fait était attesté par Bloch, écrivain prussien qui a donné l'histoire la plus complète
des poissons. Il l'est encore dans plusieurs ouvrages politiques publiés en Hollande sur la fin du dernier siècle.

Il serait possible d'ailleurs que, par un désir fort naturel de recouvrer des avantages perdus, on ait, en Hollande, exagéré, dans ces derniers temps, le retour au passé : mais il paraît bien que la Hollande s'affligeait, long-temps avant l'époque de la révolution française, de ses pertes dans la pêche du hareng. Il a été constaté qu'en 1776, elle n'envoyait plus guère que 250 à 280 bâtimens à la grande pêche, destinés à faire du poisson caqué, après en avoir envoyé autréfois, et jusqu'à la fin du dernier siècle, un nombre décuple. Elle en était restée-là en 1786. C'est ce que je trouve énoncé dans un Mémoire dressé à cette époque au ministère de la marine, et envoyé au ministère des affaires étrangères, pour servir de renseignement dans une négociation qui s'ouvrit alors sur les demandes que faisait cette puissance pour obtenir chez nous l'introduction du hareng caqué de ses pêches. Je rendrai compte plus bas de cette négociation, qui n'est pas sans intérêt dans la discussion actuelle.

Il résulte de ces détails que l'Angleterre ne limite ni la pêche ni la salaison : que la Hollande ne limite que la pêche dite *grande pêche,* afin de conserver la réputation acquise à ses harengs de première qualité; mais que la petite pêche, et même la pêche côtière, sont libres chez elle; qu'en tout cas elle interdit seulement le caquage et la préparation en façon de hareng blanc des produits de la pêche côtière; et, conditionnellement et provisoirement, le caquage du poisson pris ans la petite pêche, celle sur le Dogger bank.

Il faut bien remarquer qu'interdire le caquage, c'est-à-dire la préparation en façon de hareng blanc, ce n'est pas interdire la salaison. Cela n'empêche pas de faire du hareng d'une autre préparation, comme le *saur* et le *bouffi*. Je ferai connaître plus bas la différence de ces diverses préparations. Ainsi on ne saurait invoquer l'exemple de la Hollande comme limitant la pêche.

§ III. *Pêche de la Baltique.*

Que sera-ce, si nous examinons ce qui se passe dans la Baltique? Le hareng, qui se pêchait très-anciennement, dans la Baltique, en quantités presque fabuleuses, après avoir quitté cette mer, et notamment les côtes de Suède, dans le 17e siècle, n'a commencé à s'y remontrer qu'en 1748. C'est ce que nous lisons dans le *Tableau de la Baltique*, publié en 1812 par *Catteau Calleville*. Depuis il s'y porte annuellement en immense abondance, et, d'après l'écrivain que je viens de citer, dans cette mer, la pêche est presque toute côtière. Le poisson se jette dans les baies, dans les golfes en telle quantité, qu'avec un seul filet, on peut en prendre dans quelques heures de quoi remplir trois mille tonnes ou barils.

« Chaque filet, dit cet auteur, est porté dans un
« bateau, accompagné de sept ou huit autres bateaux

« entièrement plats pour charger le hareng. Pendant
« les premières années, la pêche avait lieu aux mois
« d'août et de septembre; mais, depuis, elle a été
« retardée jusqu'au mois de novembre, et même jus-
« qu'en janvier. Plus le hareng tarde à paraître, plus
« il est maigre, et plus la pêche devient difficile; aussi
« s'occupe-t-on des moyens de se procurer de grands
« filets, à l'imitation de ceux des Hollandais, afin de
« pouvoir s'emparer du poisson, hors des golfes et des
« baies, aussitôt qu'il se montre dans les eaux voi-
« sines. »

Comme on le voit, on n'est pas disposé à sacrifier une pêche à l'autre. Au moyen de la réunion des deux pêches, les produits sont immenses. Cet écrivain porte à 1,972,000 barils de poisson et à 261,000 barils d'huile, ce qui a été vendu de 1790 à 1796, par les villes de *Marstrand*, *Gothembourg* et *Konghell*, sans compter près de 100,000 tonnes ou barils de hareng fumé ou consommé frais. Il faut voir dans cet auteur les travaux immenses auxquels donne lieu cette pêche, sur toutes les côtes de cette mer.

§ IV. *Pêche des États-Unis.*

Cette même pêche de golfes, de baies, de littoral, enfin, se fait avec une semblable abondance aux États-Unis d'Amérique. J'ai vu, à Washington, à 60 lieues de la mer, dans le *Potowmac*, prendre des quantités prodigieuses de hareng, que les cultivateurs venaient chercher de vingt à trente lieues par charrettes, et qu'ils salaient sur le rivage. Dans un jour, dans la baie du Hâvre-de-Grace, sur *la Susquehanna*, on en a pris, en avril, deux millions : ce qui, à mille au baril, fait deux mille barils (1). Ainsi les peuples du nouveau monde s'accordent avec ceux de l'ancien pour exploiter la pêche des côtes et des baies, tant qu'elle dure, et pour ne point repousser les dons de la nature, tant qu'ils leur sont offerts.

Ces faits préparent singulièrement la solution de la question pour ce qui nous concerne : il est temps d'examiner, maintenant, les motifs dont on appuie, pour la France, le système de la limitation.

X.e SECTION.

EXAMEN DES MOTIFS DONNÉS POUR LA LIMITATION.

Ces motifs sont tirés 1° de la mauvaise qualité du hareng ; 2° de l'intérêt de la marine, pour laquelle la pêche d'automne forme un plus grand nombre de marins et de meilleurs marins ; 3° de l'intérêt des pêches et du commerce : le produit des pêches d'automne étant déprécié dans le commerce ou dans la consommation par les produits excessifs, en même temps qu'inférieurs en qualité, de la pêche d'hiver ;

---

(1) Warden, *Description des Etats-Unis.*

4° enfin de l'intérêt du trésor, qui est fraudé des droits sur le sel à la faveur de cette prolongation de la pêche, au-delà de la bonne saison. J'examinerai successivement ces motifs.

§ Ier.

1° *L'insalubrité du hareng de l'arrière-saison.*

Il est constant que le hareng, après la fin de décembre ou la mi-janvier, se pêche plus communément vide que plein : mais la prétendue insalubrité du hareng vide est une fable. On a vu que le parlement de Paris a décidé, en 1768, contre les saleurs de Dieppe, que l'on pourrait vendre du hareng frais jusqu'au mercredi des Cendres; et d'ailleurs, si trente ans d'expérience n'avaient pas tranché la question pour la France, elle le serait par les faits connus de cette pêche dans toute l'Europe, et même en France. Pendant toute la pêche on prend du hareng vide plus ou moins; ce hareng se trouve dans le commerce de la Hollande comme dans celui de l'Angleterre et de la France : il se vend meilleur marché, près de moitié du prix de l'autre. Enfin le décret du 13 pluviôse an XI, conformément aux anciens réglemens sur la matière; après lui le décret de 1810 et l'ordonnance de 1816, ont défendu le mélange : voilà tout ce qu'il y a à faire à l'égard du poisson vide.

§ II.

2.° *L'intérêt de la marine et celui du commerce.*

Je réunirai la discussion de ces deux motifs, parce qu'ils se tiennent, et que c'est là qu'est le siége véritable de la discussion.

Il me semble qu'il faudrait d'abord dégager cette discussion d'une question préliminaire qui la complique. Il faudrait savoir si la pêche a pour objet essentiel et primitif de former des marins, ou si son premier objet est de procurer des produits à la consommation d'abord et ensuite au commerce. Il me semble qu'avant tout, les pêches sont une exploitation de substance alimentaire; et subsidiairement leurs produits viennent ajouter aux moyens d'échange qui alimentent le trafic; enfin elles se trouvent, par les instrumens et le théâtre de leur exploitation, concourir, comme toutes les branches du commerce maritime, à former des hommes de mer; mais assurément ce serait une singulière théorie d'administration, que celle qui voudrait subordonner les pêches à la formation des marins, et exclure des considérations y relatives, la question de subsistance.

Mais sur cette question même de l'intérêt maritime et de la formation des marins, les partisans de la limitation me paraissent, dans la discussion de ce motif, tomber dans une méprise palpable.

Que la pêche de Terre-Neuve, qui se fait à huit

cents lieues de France, fasse de meilleurs marins que la pêche de la sardine et du maquereau, qui se fait sur les côtes, c'est ce que personne ne peut nier : ainsi le hareng se montrant, dès le mois de mars, sous l'Islande; dès le mois de juin, au nord des Orcades; que les pêcheurs qui vont exploiter ses bancs à leur arrivée dans ces parages, doivent monter des bâteaux d'une certaine force, capables de rester deux ou trois mois à la mer, puisqu'on ne peut, comme à la pêche des côtes, apporter le matin la pêche de la veille ou de l'avant-veille au port pour la livrer aux saleurs; que ces armemens forment de meilleurs matelots, c'est une chose évidente.

Mais ne semblerait-il pas, à entendre les Dieppois, qu'ils vont pêcher encore au nord de l'Ecosse? Il n'en est rien ou presque rien. Leur pêche se fait sur la côte de l'Angleterre, vers Yarmouth; presque toute leur pêche est apportée aux ateliers, et très-peu ou point est salé à la mer (1).

Et quand le contraire aurait lieu? Quand ils pêcheraient comme le faisaient, il y a 150 ans, les busses hollandaises? Qu'en faudrait-il conclure?

Pour aller pêcher ce poisson sur ces parages éloignés, faut-il le dédaigner quand il approche de nos côtes, et cela, parce qu'il suffit d'un bateau de vingt

---

(1) *Voir*, à la suite du Rapport, les tableaux de pêche du hareng depuis 1821. On y énonce, dans les premiers, les distances où vont les bateaux.

tonneaux, armé de six ou huit hommes, pour le pêcher, et qui n'ira qu'à trois, six ou huit lieues à la mer? C'est ainsi qu'il faut poser la question. Aucun pays encore ne l'a résolue dans le sens des pêcheurs de Dieppe. Si notre ancienne législation l'a fait en 1687, en ravissant, au profit des publicains des temps, aux habitans du Calvados, un droit naturel, elle a eu tort, et d'autant plus tort que, comme je le montrerai tout à l'heure par des faits irrécusables, l'effet de cette limitation a été de mettre, quoi qu'en disent les saleurs de Dieppe, notre consommation à la merci des étrangers.

Si, sous le rapport de l'intérêt de la marine, la pêche d'automne, qui se fait sur la côte d'Angleterre, (car c'est vraiment là la pêche de haute mer dont parlent si haut les Dieppois,), si dis-je, cette pêche fait de meilleurs marins, si elle exige à bord des matelots plus expérimentés, la pêche côtière fait des apprentis marins, et jamais on n'a pensé qu'il ne fût pas fort intéressant de favoriser l'accroissement de cette population chaloupière qui, en fréquentant les côtes, se familiarise avec la mer. Dans la marine, on regarde avec raison cette population comme une pépinière de marins (1).

---

(1) Nous avons, dans la pêche de la morue, dans les mers de l'Amérique, un exemple parfaitement analogue à la pêche du hareng sur nos côtes. Pour les Etats-Unis, la pêche de la morue, qui fréquente en abondance leurs eaux, est presqu'une pêche

Le commissaire-général ordonnateur de la marine à Cherbourg, M. Froment, a parfaitement éclairci cette question et fait la part des deux pêches, dans son Mémoire, envoyé en 1816. Cet administrateur estime que l'on peut, que l'on doit même encourager, par des primes, nos armateurs à la pêche de la haute mer (c'est ce qu'a fait le décret de pluviôse an XI). Mais il remarque et établit dans son Mémoire, que, dans le système de la limitation, le *maximum* de bons marins qu'on obtiendrait en augmentation serait, au plus, d'un cinquième sur les armemens de la pêche d'automne, tandis que, sur toute la population qui pratique la pêche côtière, on éprouverait une diminution d'un tiers. Ainsi les classes perdraient en ressources dans ce système; car on ne dira pas qu'un homme qui fait la pêche habituellement pendant quelques années, ne fût-ce qu'à trois lieues des côtes, n'est pas en état d'être embarqué comme marin sur les bâtimens de long cours ou sur ceux de la marine royale; c'est là le vrai point de vue sous lequel il faut envisager la question de l'intérêt de la marine.

Sur une question de cette nature, l'administration ne devrait pas être livrée aux inductions et aux controverses. On devrait pouvoir comparer l'état du nombre des bâtimens employés à cette pêche sous le régime de la limitation, de leur tonnage, des hommes

---

côtière. Faudrait-il empêcher cette pêche, pour forcer les pêcheurs d'aller prendre le poisson sur le banc?

qui les montaient, avec un état semblable pour les années pendant lesquelles la pêche s'est faite sans limitation.

Malheureusement il paraît que ces données ne se trouvent point aux ministères entre lesquels est malheureusement partagée la surveillance des pêches. Des états anciens nous apprennent qu'en 1786, Dieppe armait pour cette pêche soixante-sept bateaux de toutes grandeurs. D'après les rapports envoyés en septembre 1819 et septembre 1820 par l'inspecteur des douanes de Dieppe, on voit qu'elles en avaient armé pour la pêche, à la première époque 31, à la seconde 29. C'est une diminution de moitié; mais aussi nous voyons dans un état du commissaire des classes de Honfleur pour 1816, que cette ville, qui avant la révolution ne faisait point cette pêche, armait pour cette pêche alors quatre-vingt dix-sept bateaux, dont quelques-uns assez forts. Dans un état joint à un Mémoire de Honfleur de 1814, nous voyons que ce port et les deux petits ports de Villeville et Tourville armaient cent cinquante et un bateaux. Il est donc probable que les diminutions sur ce point sont compensées par des augmentations sur un autre (1).

Il résulte encore de ces états un fait digne de re-

---

(1) Les états des années postérieures au rapport (de 1821 à 1830), feront connaître le nombre total des bateaux. La répartition entre les divers quartiers a changé considérablement depuis le rapport.

marque. Dans les Mémoires de Dieppe on ne parle de la pêche du Calvados, que comme ne se faisant que par des chaloupes. Mais sur les cent cinquante et un bateaux ci-dessus il n'y en a que quarante-huit non pontés. Depuis 1814, le nombre des bateaux du Calvados a dû s'augmenter; d'après l'état du commissaire des classes, le tonnage des quatre-vingt-dix-sept bateaux de Honfleur était de quinze cents tonneaux : c'est une moyenne de quinze tonneaux par bateau; la valeur d'un bateau de cette force, avec ses filets, d'après le Mémoire de Honfleur, est de neuf mille francs. Des bateaux de ce tonnage doivent aller à quelques lieues en mer, et il est de fait qu'ils y vont.

Du reste, on le sait, toute profession qui vit de la mer forme des marins : on ne peut pas penser, pour former des matelots de première classe, à supprimer les branches de ces professions qui n'exigent, pour les exercer, que des novices et des mousses. Comme l'a vu le conseil, ce n'est pas ainsi que l'on procède chez nos voisins, pas même en Hollande.

Enfin c'est le cas d'insister sur ce que j'ai eu l'honneur d'exposer plus haut, que nos ports du nord se sont fort relâchés quant à la pêche lointaine. Il y a beaucoup d'exagération de leur part à considérer toute leur pêche d'automne, comme pêche de haute mer. Un tiers, si non la moitié de notre pêche, dite d'automne, est une pêche peu éloignée des côtes; cela doit être, puisqu'à mesure que la saison avance, le poisson engagé dans la Manche, se rapproche des ter res. On peut voir dans Lamare, dans Savary, et dans nos anciennes ordonnances, que ces ports septentrionaux, autrefois faisaient, comme les Hollandais, la pêche d'été; qu'ils allaient, comme eux, pêcher à *Shetland*, et que cette pêche finissait au 15 d'octobre. C'est pour cela que la pêche suivante, en automne, s'appelait *le relouage*, comme s'exprime l'arrêt du conseil du 17 septembre 1695. Aujourd'hui, ils voudraient, de leur autorité privée, fixer la pêche du hareng du 1er septembre au 31 décembre, lorsqu'autrefois, au 1er septembre ils avaient déjà un mois et demi de pêche. Le gouvernement a adopté cette fixation, de sorte que si des armateurs voulaient aller pêcher avec les Hollandais et les Ecossais à la pêche de Shetland, qui veut qu'on soit sur le parage en juin, ils ne le pourraient pas! Il y a mieux : nos pêcheurs de Dunkerque, qui vont sur le Dogger bank, à la pêche de la morue, bien avant septembre, se trouvent en contravention, car dans cette pêche, ils prennent encore du hareng, comme le font les Hollandais!

Mais, pour revenir à la pêche d'automne, les ports nord la font dans la baie de la Seine, tout décembre et tout janvier, avec les ports du Calvados, tout aussi près de la côte que ces derniers. Ils prennent force hareng gai et le salent; ils font mieux; ils achètent à Honfleur les produits abondans de ses pêches pour les saler et les vendre avec la marque de Dieppe. Nous avons une preuve sans réplique de ce fait par l'état des délivrances de sel faites à ces ports.

Comme dans ces matières rien n'est plus décisif que les faits, j'ai prié monsieur le directeur-général des douanes de vouloir bien faire dresser pour le conseil, l'état de ces délivrances : d'abord depuis le rétablissement de l'impôt du sel en 1806 jusqu'à 1813 inclus, ensuite depuis 1814 jusqu'en 1820 ; ces deux états, avec distinction des ports nord et sud de la Seine. Il a bien voulu les faire dresser et les envoyer. Je les ai demandés encore avec distinction du sel donné aux bâtimens pour porter en mer afin d'y saler, et du sel donné pour les salaisons d'atelier ou à terre. On voit que, depuis sept ans, de 1815 inclus à 1820 aussi inclus, il a été donné pour les salaisons d'atelier, en nombre rond, 11,783,000 kilogrammes de sel, et, pour la salaison en mer, 2,854,000 kilogrammes. Observons que les sels délivrés pour salaisons à la mer se sont, pour la plus grande quantité, appliqués à la salaison de la morue d'Islande, dont le port de Dunkerque fait une abondante exploitation. Supposons que la moitié du sel exporté à la mer ait été destiné au hareng, quelle proportion avec le sel destiné aux ateliers ?

Cependant la salaison à la mer était le grand objet de la pêche hauturière ; elle en était inséparable : c'est cette pêche qui a enrichi les Hollandais, celle qu'ils affectionnent, qu'ils appellent la *grande pêche :* celle enfin qui a été une des bases principales de leur puissance, jusqu'à ce que les Etats aux dépens de qui ils l'exploitaient, en aient revendiqué leur part.

Si, comme on le doit présumer, le produit des pêches est proportionné à celui de délivrances de sel, il résulterait évidemment des états de la douane, que cette pêche, qui est propre à nos ports du nord, ne serait guère qu'un huitième de la totalité des produits de la pêche de tous nos ports (1). En examinant ensuite, dans les livraisons de sel, les mois où elles ont été le plus abondantes, on voit que ces ports ont beaucoup salé aussi en décembre et janvier : par conséquent qu'ils ont dû saler du *hareng gai*. A quoi donc peuvent justement en vouloir les saleurs du nord ? A la pêche près des côtes ? Ils la font deux mois de l'année. Au poisson vide ? Ils en pêchent et en salent aussi pendant ces deux mois. C'est donc uniquement la surabondance du produit qu'ils attaquent, à cause de la baisse qu'elle opère dans le prix.

§ III.

3°. Mais c'est encore dans l'intérêt du commerce intérieur et extérieur qu'on sollicite la limitation. Examinons ce troisième motif.

On dit que la pêche d'automne avait toujours suffi et qu'elle suffit encore à la consommation du royaume; que les produits de la pêche d'hiver se mêlant à ceux

---

(1) Les états de 1821 à 1830 montrent qu'il n'y a presque pas de salaison à la mer.

de la bonne pêche, nuisent à la réputation de nos salaisons. Il est souvent arrivé, dit-on, que ce hareng, presque toujours mal salé, porté à Paris, a excité les plaintes de la police. Il a fallu un jour, à Rouen, en faire jeter à la rivière des centaines de barils qui infectaiant et qui étaient destinés pour la capitale. La vileté du prix auquel on peut donner ce hareng fait tomber le prix du bon hareng. Par suite, ce hareng ne pouvant plus couvrir les frais d'armemens qu'il exige, on sera forcé d'abandonner cette pêche; on affirmait même, en l'an x, dans un Mémoire de Dieppe, que sur la totalité de la pêche il y avait un déficit de près de vingt-quatre mille barils comparativement aux produits de la pêche sous l'empire de la limitation.

J'avais espéré, au moyen des états de distribution de sels, procurés par les douanes, pouvoir établir l'état des salaisons effectuées. Après plusieurs essais, j'ai dû craindre de donner des résultats trop hasardés, et j'y ai renoncé. Si nous avions eu l'état des délivrances de sel sous l'empire de l'ordonnance de 1680, en le comparant aux délivrances actuelles, nous aurions pu en induire le rapport des produits; mais cet élément nous manque encore, de sorte que nous sommes dans l'impuissance de comparer le produit de cette pêche avant et depuis la révolution. Cependant nous avons quelques élémens de comparaison, je vais m'en servir.

D'abord, nous savons, par le Mémoire transmis

en 1786 au ministère des affaires étrangères sur la pêche du hareng, époque où s'ouvrit avec la Hollande la négociation dont je parlerai plus bas relativement à l'introduction du hareng blanc d'Hollande, nous savons, dis-je, que la pêche de la Hollande donnait soixante-douze mille barils, et qu'en 1785, celle de la France en avait donné soixante-dix; nous avons des certificats officiels qui portent que Honfleur, de 1811 à 1814 et 1815, a fait environ quarante mille barils annullement. M. le commissaire-général ordonnateur de Cherbourg, dans son mémoire, dit que Caen en a fait vingt-cinq : ainsi ces deux villes donnaient soixante-cinq mille barils. Observons que ces deux villes, comme ateliers, reçoivent le poisson pêché par divers ports, même par celui de Dieppe. On doit présumer que les ports du nord et les autres ports en donnent aussi quelques milles; ainsi, selon toutes les vraisemblances, il y a donc une augmentation considérable de produits de ce qu'elle était avant la limitation. S'il n'y avait pas augmentation, d'ailleurs, que faudrait-il penser des plaintes qu'élève Dieppe sur la dépréciation de la denrée qu'occasionne sa surabondance?

Maintenant, le hareng d'arrière-saison nuit-il au hareng plein ou de pêche d'automne? Je ne le pense pas. Ou bien ce hareng se prépare en blanc, ou il est seulement sauré; dans le dernier cas ce sont des produits différens. Dans le premier cas, ou il est plein, ou il est vide, et il faut que la marque le montre; s'il est vide, il ne peut entrer en concurrence avec le hareng plein de la première pêche.

Les états de délivrance de sel offrent un résultat très-frappant. Il résulte des délivrances faites depuis le rétablissement de l'impôt de sel en 1806 jusqu'à la paix de 1814, ce qui comprend une période de huit années, et huit années de guerre, que pendant ces huit années, il a été délivré en franchise, et cela pour la pêche d'atelier seulement (le conseil pense bien que nous n'allions pas alors à la pêche d'Yarmouth.), on a délivré 28,241,000 kilos de sel, ou 56 millions et demi de livres : presque le double de ce qui a été délivré les sept années suivantes, jusqu'en 1820. Je veux que la déviation du banc à la hauteur de la Seine, entre pour beaucoup dans cette différence : mais elle ne peut pas seule la causer.

Une autre circonstance de l'état est digne de remarque; pendant les huit années, le sel délivré, dans le mois de février seulement, aux ports du nord, a été de 4,500,000 kilos, ou 10 millions de livres ; à peu près pareille quantité a été délivrée, dans ce même mois, aux ports du sud. *C'est donc vingt millions de sel de plus qu'il a été délivré pour ces huit années, pendant le mois de février.* Que le conseil veuille bien prendre la peine de calculer la quantité de harengs qui a été perdue d'après cela par la fermeture de la pêche au 31 janvier, sans compter qu'elle a été fermée au 15 janvier pour la campagne de 1818 à 1819! Est-il raisonnable de perdre des produits de l'importance de ceux qui ont dû être salés avec ces dix millions de kilogrammes de sel? non, sans doute (1). D'après des faits de cette nature, les plaintes des ports du sud, qui sont plus particulièrement appelés à pêcher dans l'arrière saison, sont fort aisés à concevoir.

Ces pertes rappellent à Dieppe les énormes récoltes qu'elle a faites elle-même, en janvier et février, pendant les années écoulées de 1806 à 1813. Elle ne trouvait point alors, disent-ils, qu'il fallait limiter la pêche. Le reproche n'est pourtant pas entièrement fondé, car il est de fait que, dès l'an x, ou 1802, elle le demandait; mais il faut convenir que tant que les ports du nord l'ont pu, ils ont bien exploité la pêche d'hiver, et ils y tiennent toujours, si elle est permise. Pour répartir la récolte, comme paraît le faire la nature, on avait pensé à l'intérieur, pendant qu'on y délibérait l'ordonnance de 1816, à scinder la délivrance des sels et à n'en donner qu'aux ports sud après le 31 décembre; mais aussitôt Dieppe se récria : elle dit que les ports sud pouvaient aussi eux aller à la pêche d'automne, ce qui est vrai, et qu'il n'était pas juste d'interdire aux ports nord la pêche d'hiver si elle était permise. En effet, Dieppe la fait amplement.

---

(1) Les états de 1821 à 1830 ont fort éclairci l'importance de la pêche d'hiver. Elle est de peu de conséquence. Les sels donnés en février doivent surtout avoir servi à la pêche de la morue, dont j'omets ici de tenir compte.

Mais revenons aux conséquences à tirer de l'abondance de la pêche depuis la non limitation. Une conséquence irréfragable s'en est suivie : c'est que nous nous suffisons à nous-mêmes, et que la consommation s'est augmentée, tandis qu'il est constant qu'avant la révolution, nos pêches ne suffisaient point à l'approvisionnement de la France en hareng salé, et que nous en importions de notables quantités.

Le hareng de pêche étrangère était admis en France de tout temps. Seulement, aux termes des arrêts du 15 juillet et 14 septembre 1687, il ne pouvait entrer qu'en *vrac* (1) *et salé de sel de brouage*. Il entrait en payant des droits fort modérés; suivant Savary, à 15 livres tournois par *leth* de douze barils. Les Hollandais, de bonne heure, et bien avant les premiers arrêts du conseil, à la faveur de nos relations politiques avec eux, avaient obtenu et ont joui, dans le cours du dix-septième siècle et jusqu'à l'élévation de la maison d'Orange au trône d'Angleterre, de l'introduction même de leur hareng blanc. Ils l'obtinrent encore à la suite de la paix d'Utrecht, où nous subîmes une dure loi. Les guerres subséquentes ont fait

―――――――

(1) *Voir* Savary sur le sens de ce mot. Le hareng en vrac est mis dans le baril sans être pressé et lité, ou mis par lits. Il faut le tirer du baril, et lui faire subir l'opération du repaquage, pour le mettre en blanc définitivement. On voulait réserver cette main-d'œuvre et l'emploi du sel nécessaire au repaquage à nos saleurs.

rétablir la prohibition contre le hareng blanc; ils demandèrent et ils obtinrent son introduction par l'article 9 du traité de commerce de 1739 (1).

A la paix de 1763, on réduisit, par arrêt du conseil, les Hollandais à l'ancien pied. Mais, pendant la guerre de 1778, on admit de nouveau leur hareng caqué. Enfin, en 1783, et par un arrêt formel du conseil, l'ancien état de choses fut rétabli, c'est-à-dire que l'on ne permit plus que l'entrée du hareng *en vrac*.

En 1786, époque où notre politique, comme on le sait, était encore très-favorable à la Hollande, cette puissance demandait avec les plus vives instances la réadmission de son hareng blanc. C'est à l'occasion de cette négociation que Dieppe produisit alors un Mémoire contre la concession. Le département de la marine soutint la prohibition : il représentait que, si elle cessait, la Suède et la Hollande nous enverraient une abondance de hareng propre à détruire nos pêches ; et, cependant, il s'agissait seulement du hareng blanc ou caqué : le hareng en *vrac* continuait d'entrer sous un droit fort modéré : tel état l'état des choses. Il faut voir, dans ces facilités accordées à la Hollande et arrachées à l'intérêt fondamental de la France par la politique extérieure, une des causes de la destruction progressive de nos pêches d'été.

Depuis la liberté de la pêche, nous avons frappé

---

(1) *Voyez* l'article aux pièces jointes.

tout le hareng étranger, salé ou sauri, *caqué* ou en *vrac*, ainsi que tous les poissons des pêches étrangères, d'un droit prohibitif, et néanmoins nous suffisons à notre consommation. Cette consommation s'est étendue même; car, ainsi que je l'ai dit, les harengs d'Honfleur vont en quantité à Bordeaux. On ne voit donc pas que l'on puisse comparer les deux époques avec avantages pour la plus ancienne. Sous la limitation, nous achetions habituellement beaucoup de hareng de la Hollande et de la Suède : cela est avéré et exposé dans le Mémoire précité de la ville de Dieppe. Pendant toute la guerre de 1778, d'après un état qu'a fourni le ministère de l'intérieur, nous en avons importé pour 4 millions et demi, année moyenne. Pendant les cinq années antérieures, nous en recevions pour une somme annuelle moyenne de 870,000 f. Ces importations ont dû entièrement cesser à raison du droit presque prohibitif qui existe maintenant sur cette denrée. Si l'on revenait à limiter au 31 décembre la pêche, ou bien il faudrait probablement recourir encore aux étrangers, ou bien la consommation en souffrirait.

Toutes les questions d'économie intérieure et de commerce me paraissent épuisées. Il y a cependant encore un point qu'il ne faut pas passer sous silence : c'est ce qui concerne les usages auxquels le hareng peut servir, indépendamment de son emploi comme substance alimentaire.

Comme on l'a vu ce n'est pas seulement la salaison, c'est la pêche que les ports nord veulent interdire. Ils ne veulent pas qu'un bateau sorte avec des filets pour prendre du hareng, passé le 31 décembre. Or, ne fût-ce que pour engrais, on ne devrait pas empêcher les habitans du littoral d'aller prendre le poisson. Mais on en tire encore un autre parti : on en fait de l'huile. C'est, comme on l'a vu, ce que les habitans de la Baltique font avec abondance. Les Dieppois ont nié que cela fût possible, ou bien éludé l'objection, en disant que le poisson de la Baltique est fort différent. Cela peut être ; mais notre poisson est bien le même que celui qui se pêche en Ecosse, et Pennant nous apprend que l'on en fait quelquefois de l'huile. Il dit que l'on emploie même à cet usage les *breuilles*, ou issues du poisson, qui doivent en être séparées pour celui qui subit l'opération du caquage ou la préparation en blanc.

J'ai discuté tous les argumens des partisans de la limitation. Les ports du nord de la Seine ne voient de salut pour leur pêche que dans la prohibition absolue de pêcher passé une certaine époque de l'année. Pour s'assurer que cette prohibition sera exécutée, ils vont jusqu'à vouloir que l'on retire aux pêcheurs de harengs leurs rôles après cette époque.

J'ignore si l'on donne des rôles particuliers aux pêcheurs pour cette pêche ; mais on ne peut assurément pousser plus loin l'esprit de monopole. On concevra que de pareilles propositions doivent rendre très-animées les populations rivales. Dieppe poussa, en 1816, la chose à un point vraiment extrême. La limitation prononcée par l'ordonnance vint s'appliquer juste au moment où la déviation du hareng s'annonçait. A la fin de décembre, le banc n'avait point encore paru à l'embouchure de la Seine. Les armateurs et saleurs d'Honfleur demandaient la prolongation; ils plaidaient les embarras que l'on éprouvait alors pour les subsistances, et assurément ils n'étaient que trop réels. Les Dieppois demandaient avec les plus vives instances le maintien de la limite, en observant, par forme de consolation, que les pêches d'*autre poisson frais*, notamment *des moules*, avaient été abondantes. Comparer les moules et le poisson frais au hareng, c'est comparer les fruits qui ne sont pas susceptibles de conservation aux céréales.

Au reproche de monopole, Dieppe répond que les pêcheurs d'Honfleur peuvent venir pêcher au nord avec les pêcheurs des autres ports. Personne, dit Dieppe, ne les en empêche; et quelques-uns en effet y vont. Il résulte bien d'abord, et comme le voit le conseil, de cette réponse, que, pour les ports du nord, la question est uniquement de limiter les produits pour soutenir le prix de la denrée, et pour y parvenir, on veut laisser perdre tous ceux que l'arrière-saison vient offrir aux habitans des côtes du Calvados. Mais la réponse est encore insuffisante. La pêche du hareng, au nord de la Seine, ne permet pas aux pêcheurs du sud, notamment aux petits pêcheurs, de rentrer à Honfleur tous les matins, comme l'exige la pêche dont les produits doivent se saler en blanc. Il faut traverser la baie de la Seine, et l'on ne peut pas toujours se promettre de la traverser dans une marée : c'est ce que la chambre de commerce de Rouen, toute favorable pourtant à la limitation, est obligée de reconnaître. Les Dieppois, quand le poisson est dans la baie de la Seine ou aux environs, viennent au Hâvre. Ils en font leur rendez-vous; ils s'en expédient pour la pêche, ou y rapportent leurs poissons, qu'ils remportent ensuite à Dieppe, où ils achèvent la préparation. En définitif, c'est donc la pêche côtière qu'il s'agit de sacrifier à une autre pêche qui se fait elle-même assez près des côtes.

§ IV.

4° Il reste maintenant à nous occuper du quatrième motif, l'intérêt du trésor, à cause de la délivrance des sels en franchise.

L'administration des douanes appuie la limitation de toutes ses forces dans l'intérêt de la perception de l'impôt du sel. Elle insiste sur la fraude à laquelle prête la pêche tardive : ses produits exigent moins de sel, ce qui permet aux saleurs d'en retenir pour le vendre. Elle rappelle des faits de salaisons viciées, que l'on a vu, d'après la Chambre de commerce de Dieppe, arriver à Paris et à Rouen, venant des ports qui se livrent à cette dernière pêche. Enfin elle représente que depuis la déviation du hareng, la prolongation de la pêche au 31 janvier ne sert qu'à couvrir des achats frauduleux de hareng en Angleterre. Elle voudrait ou qu'on la limitât au 31 décembre, suivant les anciens usages, ou qu'on cessât, du moins, soit après cette époque, soit après celle du 15 janvier, de donner du sel en franchise, ou enfin qu'on ne donnât, après ces époques, que la moitié du sel porté au tarif de l'ordonnance du 30 octobre 1816.

Achat frauduleux de poisson étranger.

Il faut d'abord disposer de ce qui concerne les achats de poisson faits en Angleterre. Les saleurs de Portsmouth dénoncent à nos agents consulaires leurs propres pêcheurs, pour vente de hareng frais aux nôtres. D'après les faits contenus dans la correspondance de M. Séguier, nous devons croire que cette fraude a effectivement lieu : les dénonciations sont trop circonstanciées pour qu'on en puisse douter.

Mais faut-il conclure de là qu'il faille interdire la pêche? Singulier contraste que présenteraient les lois sur les deux rives opposées de la Manche! Les Anglais permettent, en tout temps, la pêche et la salaison : ils interdisent la vente, comme l'achat du hareng frais aux étrangers. Nous imitons ces prohibitions: mais les prohibitions de l'Angleterre ont l'intention de réserver la pêche et la préparation du produit brut, à la population du royaume; et nous, nous défendrions de pêcher et de saler! Ne serait-ce pas le comble de l'inconséquence?

Si la prohibition est violée par la fraude, il faut armer la loi de plus de pouvoir. L'administration des finances est trop exercée pour ne pas trouver des moyens de répresssion. Quant à la fraude commise sur le sel en France, et quant à l'introduction du poisson de Portsmouth, nous pouvons disposer du concours des douanes d'Angleterre, puisque les Anglais qui vendent violent les lois comme les Français qui achètent.

Mais, dit-on, puisqu'il est certain que le hareng a disparu de la côte du Calvados, pourquoi laisser les pêcheurs sortir avec leurs filets? Ce n'est qu'un vain simulacre pour masquer le voyage à Portsmouth et le trafic qu'on y va faire. Il n'y a donc de moyen de couper court à cette fraude que d'interdire la sortie pour la pêche. C'est ainsi que ce que les pêcheurs du nord demandaient pour empêcher la valeur des produits de leurs pêches de s'avilir, la douane le demande pour assurer ses perceptions.

Je ne concevrais pas comment, dans une matière où la nature se plaît si souvent à déjouer nos calculs, on interdirait, à jour nommé, aux pêcheurs français de sortir avec des filets destinés à la pêche du hareng, uniquement pour éviter l'achat du poisson frais en Angleterre, et, par suite, pour empêcher que pour la salaison de ce poisson, on ne prenne du sel en franchise. Les pêcheurs du nord ne nous disent pas s'ils font la contrebande à Yarmouth; si, sous prétexte de commencer au premier septembre, ils ne vont pas aussi sur les côtes de l'Ecosse acheter, des pauvres pêcheurs de cette contrée, leurs produits. En tout cas il me paraîtrait impossible, dans une matière de cette nature, sous prétexte d'abus dans le travail, d'en interdire à ce point l'usage; sous prétexte d'abus dans la production de la subsistance, d'en interdire la consommation. Mais il y a plus; est-on bien sûr que le banc ayant dévié, quelques portions ne s'en égarent pas, et ne se présentent pas aux pêcheurs de Honfleur dans les parages accoutumés? Ce serait donc le glanage que l'on interdirait aux habitans du Calvados dans des champs où ils moissonnaient à pleines mains? Il y a, il faut en convenir, une sorte de cruauté dans cette insistance des pêcheurs de Dieppe.

Du reste, quelle peut donc être l'étendue de cette contrebande présumée? Le Conseil va le voir par les états de délivrance des sels. Ces états nous apprennent que dans les trois campagnes de 1814 à 1817, les ports du sud, avec le Hâvre, ont employé, sur 7,938,000 kilogrammes de sel, délivrés en franchise pour salaison d'ateliers, 2,901,000 kilogrammes, presque la moitié du total. Dans les quatre campagnes suivantes, jusques et y compris 1820, période de limitation et de déviation, il n'a été donné en franchise, pour tous les ports, que 3,745,000 kilogrammes pour ces mêmes salaisons d'ateliers, et sur cette quantité, la part des ports du sud n'a été que de 467,000 kilogrammes, environ un septième du tout. Mais pendant les sept années dont ces quatre font partie, il y a eu 2,834,000 kilogrammes de sel donnés aux ports du nord pour la salaison à la mer (y compris la morue); ce qui donne par année moyenne, 400,000 kilogrammes pour les quatre campagnes de 1817 à 1820, 1,600,000 kilogrammes qui, réunis aux 3,746,000 kilogrammes pour les salaisons d'ateliers, donnent, pour toute la salaison, 5,345,000 kilogrammes pendant ces quatres années.

Il y a, comme on le voit, une réduction générale de moitié, au moins, comparativement à l'emploi de sel fait dans les trois campagnes précédentes; la part afférente à ces trois années, dans le sel donné pour les salaisons à la mer, comprise. N'est-ce pas trop de rigueur que d'envier aux ports du sud un aussi triste produit que celui qu'ils ont pu saler avec 467,000 kilogrammes, en quatre ans, après les abondantes récoltes auxquelles ils étaient accoutumés? Ces ports, pour les années de 1806 à 1813, inclus, ont eu, comme je l'ai remarqué plus haut, sur les 28 millions de kilogrammes de sel délivrés, 10,810,000 kilogrammes pour leur part. Cette différence atteste une chute énorme dans la pêche des ports du sud, et cette chute mérite assurément quelque intérêt.

Si depuis la déviation du banc, les produits des ports sud de la Seine se soutenaient au taux antérieur à la déviation, on concevrait les craintes de l'administration des douanes. Elle serait fondée à dire que le hareng ayant dévié, il n'est pas naturel que ces ports salent autant qu'avant la déviation. Mais outre que les faibles résultats qu'on vient de voir peuvent fort bien s'expliquer par quelques expéditions d'automne que peuvent hasarder des pêcheurs plus riches, et par la capture de quelques bandes de harengs vagabondes, ils sont en vérité trop faibles pour l'alarmer sérieusement. Je ne crois donc pas que l'on doive, au moyen de la prohibition proposée, ajouter, à la disgrâce que ces ports ont encourue momentanément de la nature, l'exhérédation perpétuelle et légale du droit de prendre du hareng dont on veut les frapper.

Il faut dire au conseil que les Mémoires de Honfleur et du Hâvre réprouvent hautement la fraude du hareng de Portsmouth; qu'ils en demandent la punition; qu'ils établissent que, dans un cas particulier, le délinquant n'a évité la saisie qu'en jetant son poisson à la mer. L'administration des douanes dit que quand elle visite, dans le Calvados, des bateaux venant de la mer avec du hareng suspect, les syndycs, qui sont presque toujours complices, ne donnent pas les moyens de dresser procès-verbal de saisie. Mais les lois ont armé les douanes de pouvoirs très-grands. Il n'est pas toujours nécessaire d'un procès-verbal pour poursuivre; la douane peut poursuivre sur la dénonciation des agens français.

Quant aux salaisons viciées, dénoncées de Rouen et de Paris, il y a quelques années, on voit bien que les saleurs de Dieppe en ont vite profité pour les rejeter sur la pêche tardive. Mais, outre que je ne vois pas au dossier la preuve qu'elles provinssent de cette pêche, on a pu toujours et l'on peut encore à présent obvier à ces mauvaises salaisons, sans recourir à la suppression de la pêche.

Il y a des règlemens anciens sur la salaison, qui sont reproduits dans le décret de pluviose an XI, dans le décret de 1810, dans l'ordonnance de 1816. Ces règlemens, fondés sur une longue expérience, ont une disposition qui se trouve dans nos lois, depuis le quatorzième siècle, disposition qui ne permet de saler que le hareng d'une ou deux nuits au plus. C'est ce que les ordonnances du quatorzième siècle appellent hareng *d'une* ou *de deux mers* ou marées, parce que les pêcheurs qui font la pêche côtière, celle qui de tout temps a été la principale et la plus commune, sortent communément à une marée pour rentrer à la suivante. Le meilleur hareng est celui d'une nuit (1). C'est aux inspecteurs des salaisons à faire leur devoir en dénonçant les contraventions aux magistrats pour appliquer les amendes. Les lois ont organisé une inspection pour découvrir les manœuvres de la cupidité ou les fautes de la négligence; il faut armer cette inspection de pouvoirs; les confier, s'il est nécessaire, à des hommes plus capables et plus sûrs; c'est tout ce que l'on peut faire en pareille matière.

On ne doit donc pas davantage penser à interdire la pêche, dans l'intérêt du trésor et comme moyen de

---

(1) Noël de la Morinière, *Histoire des pêches*.

prévenir toutes les fraudes que les pêches tardives peuvent produire dans la perception de l'impôt sur le sel.

En définitif, et sur la question de limitation, il me paraît résulter des faits et des raisonnemens qui précèdent, qu'il ne convient point de fixer l'époque soit de l'ouverture, soit de la clôture de la pêche qui nous occupe : ces époques, dans la nature, étant le plus souvent incertaines, variables, et les pêcheurs devant demeurer libres de pêcher le poisson dès qu'il paraît et tant qu'il paraît. Il y a mieux, la fixation de l'ouverture par l'ordonnance est contraire aux efforts qu'on paraît vouloir faire pour encourager la pêche de primeur, qui s'ouvre avant le 1er septembre. D'un autre côté, la première pêche ayant des avantages, et quant à la qualité de produits et quant aux marins qu'elle forme, il convient de l'encourager, comme on s'était proposé de le faire par le décret du 13 pluviose an XI, mais en combinant les primes sur des bases plus justes et plus conformes au but qu'on se propose.

Mais faut-il, sous prétexte que le banc de harengs a dévié, et qu'il n'y a maintenant que peu ou point de pêches d'hiver, pour les ports au sud de la Seine, laisser subsister la limitation? je n'en suis pas d'avis. C'est fonder un système permanent sur des circonstances temporaires; ôter aux pêcheurs la liberté de pêcher si le hareng revient, ce qui peut avoir lieu chaque saison ; c'est se prévaloir d'une vraie calamité pour les ports du sud, pour maintenir un provisoire qui, dans l'intention des ports du nord, doit être définitif.

XIe SECTION.

PROPOSITION DE REFUSER LE SEL EN FRANCHISE APRÈS UNE CERTAINE ÉPOQUE.

Mais l'administration des douanes propose une autre alternative : celle de refuser le sel à époque fixe, soit le 31 décembre, soit le 15 janvier ; et, en tout cas, plus tôt que le 31 janvier, ou d'en réduire la quantité ; c'est la proposition qui reste à examiner. Je ferai d'abord quelques observations sur l'état de la législation concernant la franchise des sels destinés aux pêches maritimes, et la marche de l'administration à cet égard.

La loi du 24 août 1806 qui a rétabli l'impôt du sel porte, article 55, que le sel sera délivré franc d'impôt pour saler les produits des pêches maritimes ; le décret du 11 juin 1806, dans son titre III, relatif aux salaisons, se bornait à dire, article 33. « Qu'on ne « pourrait employer, pour les salaisons faites en mer « ou à terre, que la quantité de sel nécessaire à la « conservation du poisson. Et l'article 34 portait : « tout sel superflu sera jeté comme immonde. » Il a fallu, pour éviter l'arbitraire des employés, et les difficultés de tout genre, déterminer les quantités de sel :

on est revenu à celles fixées par l'ordonnance des gabelles de 1680. Cette ordonnance a été la base du décret du 8 octobre 1810; depuis, l'ordonnance du 30 octobre 1816 a changé, pour quelques salaisons, la proposition du sel. Telle est, depuis 1806, la série de la législation sur la matière; dans aucun de ces actes nous ne voyons d'époques fixées pour retirer la franchise du sel. Toutes ces lois, depuis l'ordonnance de 1680, supposent, au contraire, qu'il en sera délivré, tant qu'il y aura du poisson de pêché.

Une décision du ministre des finances du 15 décembre 1809, avait limité la délivrance des sels au 1er janvier pour Dieppe, et au 1er février pour les ports au sud de Dieppe. C'est ainsi que s'engagea, sous le gouvernement impérial pour la deuxième fois, la question de limitation; mais le décret du 8 octobre 1810, en disposant que l'on donnerait du sel, *même après le 1er janvier,* mit à néant cette limitation, qui, du reste, d'après les états soumis par la douane, ne paraît pas avoir été exécutée, puisqu'on trouve que, jusqu'en 1813, il a été délivré du sel en franchise, même en février. Depuis 1814, les états ne portent du sel que jusque et y compris le mois de janvier; par conséquent, deux ans avant l'ordonnance du 14 août 1816, qui a limité la pêche du hareng, l'administration aurait cessé de délivrer du sel dans le mois de février, et anticipé sur l'ordonnance; à moins qu'il ne faille supposer que les saleurs n'aient fait aucune demande de sel en février; après cette époque. Après ces détails, je passe à l'examen de la proposition de suppression du sel en franchise.

Tous les Etats de l'Europe qui font la pêche du hareng, affranchissent de l'impôt le sel destiné à ses produits. Les Etats-Unis, qui tirent le sel d'Europe, et qui le frappent d'un modique impôt à l'importation, suivent une marche différente : ils se bornent à restituer le droit à l'exportation du poisson; d'où il suit que, chez eux, le poisson consommé dans l'intérieur paye l'impôt. Chez nous, comme en Angleterre, la loi ayant voulu que le sel employé aux pêches fût exempt d'impôt, son intention manifeste a été d'encourager la pêche, non-seulement comme moyen de commerce, mais encore comme moyen de subsistance. Maintenant, lorsque la loi ne limite point d'époque, peut-on, sans son concours, en fixer une, passé laquelle les salaisons seront soumises à l'impôt ? Il faudrait encore savoir si l'impôt frapperait sur le poisson consommé, comme sur le poisson exporté. Mais en ne voyant que la question de consommation, l'effet de la limitation dans la délivrance des sels équivalant, selon moi, à la limitation de la pêche, je penserais que l'autorité législative seule, pourrait ordonner l'un et l'autre; surtout lorsqu'il y a une disposition législative expresse pour *une délivrance indéfinie de sel*, comme il y en a une pour la durée indéfinie de la pêche. Mais serait-il utile de modifier en ce point encore la législation ? c'est ce qu'il faut voir.

Ce ne serait toujours qu'en se fondant sur la mauvaise qualité du hareng qu'on refuserait le sel. Mais, d'abord, il est bien établi, par cette longue discussion, que le hareng *vide*, bien qu'inférieur au hareng plein, n'est pas un produit à rejeter. Or, on en pêche en toute saison, et abondamment, pendant le mois de décembre. Il faudrait donc refuser le sel au hareng gai de toutes les époques de la pêche. Mais voyons le droit. On ne peut, si la liberté de la pêche est conservée, limiter la délivrance du sel : ce serait violer la condition à laquelle le rétablissement de l'impôt a été consenti. On sait combien cet impôt était odieux. En le rétablissant, on a cherché à en atténuer tous les inconvéniens. On a garanti aux pêches maritimes l'immunité de l'impôt : on peut l'y soumettre, sans doute, et violer la promesse faite à la France ; mais il faudrait d'immenses intérêts pour s'y résoudre. Et quels sont ceux qui le provoquent ? Ce ne sont effectivement et uniquement que les intérêts des saleurs de quelques ports, qui veulent avoir le monopole des salaisons.

Quant à l'intérêt du trésor, il est bien évident qu'il perd 30 francs par quintal métrique des sels qu'il donne en franchise aux produits des pêches ; mais il les perd pour les sels des pêches de primeur, et pour ceux des pêches d'automne comme pour ceux des pêches tardives ou d'hiver. S'il donne par an 4 millions de livres de sel à la pêche du hareng, en général, à 15 centimes d'impôt par livre, il perd 600,000 francs par an. Mais combien les produits qu'obtient la France par ce léger sacrifice sont supérieurs à l'intérêt de la perception ! Mais, en outre, a-t-on intérêt à diminuer la consommation des sels qu'emploient les pêches ? Le sel qu'elles ne tireront pas des marais salans y reste sur les bras des propriétaires : il ne sera pas consommé.

Les saleurs de Dieppe, dans tout le cours de cette discussion, invoquent les sacrifices que des parties du territoire, des branches de travail, sont obligées de faire aux besoins du fisc ; comme le régime de la culture des tabacs, l'interdiction de fabriquer de certains produits dont l'Etat s'est réservé le monopole. Il n'y a que le régime de la culture des tabacs qui ait quelque analogie ; mais il n'y a aucune comparaison entre les produits : le tabac n'est pas une production spontanée que l'on force les habitans à rejeter ; c'est un emploi particulier de leur terre qu'on leur interdit. On pourrait tout aussi bien demander, dans l'intérêt de la pêche du hareng, qu'on supprimât la délivrance du sel à la salaison du maquereau et de la sardine.

Mais l'administration des douanes présente un autre parti, qui consisterait à diminuer le sel pour les produits de la pêche d'hiver. Elle estime que le hareng est alors si inférieur en qualité, qu'il faut beaucoup moins de sel pour le préparer. Elle croit que les pêcheurs du sud ont, par suite, un superflu de sel qu'ils vendent en fraude. C'est aussi une opinion émise par les pêcheurs de Dieppe, qui accusent les pêcheurs d'Honfleur de faire, au moyen de la mauvaise qualité du hareng, de grandes économies de sel, qu'ils vendent en fraude : ils assurent que c'est surtout là le motif pour lequel les gens du Calvados tiennent si fortement aux pêches tardives.

XIIe SECTION.

RÈGLEMENS SUR LES SALAISONS DE POISSON.

Il ne sera pas inutile de faire ici connaître au conseil quelques-unes des règles fixées pour mettre une juste proportion entre le sel à donner en franchise et le poisson à conserver. Nous avons deux proportions : une pour le hareng blanc, une pour le hareng saur : l'ordonnance de 1680 n'en connaissait par d'autres. Depuis, on a introduit une troisième proportion pour une sorte de hareng nommé *bouffi* ou *craquelot*: c'est un hareng légèrement sauri, et destiné à une plus prompte consommation.

Il doit y avoir douze cents harengs au baril de 300 livres, pour la préparation en blanc; il doit y en avoir mille au baril dans la préparation du saur : j'imagine qu'il y a le même nombre, ou à peu près, au baril de hareng bouffi.

L'ordonnance du 30 octobre 1816 donne 27 kilos de sel pour 100 kilos de poisson pour le blanc; c'est 81 livres au baril; elle donne le sel au nombre, pour le hareng saur et bouffi, à raison de 155 kilos pour 12,240 de saur, et 75 kilos pour le même nombre de harengs bouffis. Ce nombre de 12,240 est contenu, à raison de mille harengs au baril, et la passe, dans douze barils, qui, dans ce moment, forment un last, ou, en langage de Dieppe, un leth. Ainsi, c'est 25 livres de sel par baril de saur, et 12 livres et demie par baril de bouffi. Maintenant, je vais examiner la proposition de réduction.

Je ne vois, dans aucune législation connue, qu'on fasse une différence dans les quantités de sel à livrer aux pêches en exemption de l'impôt, suivant que le hareng est d'une saison ou d'une autre. Toutes les législations, comme la nôtre, règlent la quantité de sel à donner, suivant le poids ou le volume du poisson. L'Angleterre donne 65 de ses livres de sel pour un baril de mille harengs. En France, l'ordonnance de 1680, avait, comme on l'a vu, établi, pour la salaison du hareng, deux proportions de sel : une pour le hareng blanc, l'autre pour le hareng saur. Plus tard, nous en avons établi une troisième pour le hareng bouffi. La douane, en faisant le compte de chaque saleur, ne lui passe, suivant qu'il a fait une de ces préparations, que la quantité fixée pour chacune d'elle. Faut-il maintenant une quatrième et nouvelle proportion, et distinguer la quantité de sel à donner au hareng pêché jusqu'au 31 décembre ou jusqu'au 15 janvier, d'avec celle à donner au hareng pris après ces époques ? Si on le fait, il faut nettement dire qu'on veut interdire la préparation en blanc du hareng de la dernière pêche, comme le font les Hollandais.

En effet, on sait qu'il faut, pour faire du bon hareng blanc, qu'il soit salé de manière à produire, dans le baril, une saumure d'une certaine densité. Il faut qu'un bon hareng y surnage : l'expérience a donné cette loi, et il paraît qu'il faut, en sel, environ 30 pour 100 du poids du hareng pour produire cette saumure. Du moment où le sel se donne, pour le hareng blanc, au poids, il y a donc proportion entre le poids de la substance à conserver et celui du sel; que le hareng soit vide ou plein, pour la préparation la plus importante, cela est indifférent, puisqu'on donne le sel au poids. Si donc l'on descend au-dessous de la proportion de l'ordonnance de 27 pour 100, il faut de suite descendre au poids du sel alloué pour le saur : au-dessus; et si l'on n'atteint pas la proportion requise pour le blanc, on ne donnerait pas le moyen de livrer le hareng à cette dernière préparation : on interdit donc le hareng blanc.

Il paraît bien que plus la substance à saler est grasse, plus elle exige proportionnellement de sel. Il est probable que la proportion du sel a été déterminée sur du hareng dans l'état moyen; car la douane a été obligée, par décision du 13 avril 1818, d'augmenter les allocations, pour le hareng pris avant le 15 novembre, qui est généralement plus gras. La présomption d'un terme moyen est donc fondée; ainsi on n'a pas songé jusqu'ici à réduire le sel pour le hareng gai des premières pêches, qui, comme nous l'avons vu, donnent beaucoup de hareng gai qui doit être embarillé séparément quand il s'agit de hareng blanc.

Du reste, si, à raison de la nature de la chair, le hareng de la pêche d'hiver, qui est reconnu être plus généralement vide et plus maigre, est de nature à exiger seulement la moitié du sel alloué par le règlement pour sa préparation, il faudrait au moins que la chose fût constatée par des gens de l'art, et par des expériences irrécusables. En attendant, il ne me paraît pas possible de descendre au-dessous de la proportion moyenne établie par les règlemens pour les trois espèces de préparations, uniquement par le motif que la dernière pêche ne donne que du hareng vide : puisqu'il est reconnu que le hareng vide entre pour une forte proportion dans la pêche du mois de novembre, qu'on en prend en quantité dans le mois de décembre, et qu'il est salé en abondance en Angleterre, dans la Baltique, et conservé aussi en Hollande, à la vérité autrement qu'un hareng blanc. Je ne vois pas que nous ayons le même intérêt que la Hollande à défendre de préparer en blanc le hareng d'arrière-saison. Dieppe s'y opposerait elle-même, et la Hollande, comme le montre son règlement, comme le prouvent des livres accrédités, n'a elle-même publié, à cet égard, qu'une prohibition comminatoire.

L'accusation dirigée contre les pêcheurs du Calvados, de profiter sur les sels à la faveur de la détérioration du hareng, n'est, d'après ces observations, ni plus ni moins fondée, à leur égard, qu'elle ne peut être, pour tous les ports qui salent du hareng vide : la douane peut et doit, à l'égard de tous les ports, vérifier les préparations, les saumures, les immersions : elle a les moyens, ou doit les avoir, de reconnaître les abus et de les réprimer.

Un Mémoire du conseil de santé de Caen a expliqué autrement que par la contrebande, la mauvaise qualité de la salaison qui se fait dans l'arrière-saison. L'abondance de la pêche dépasse quelquefois les calculs des saleurs ; ils se trouvent avoir fait des approvisionnemens de sel insuffisans. Ils salent, alors, une plus grande quantité de poisson que ne le comporte le sel qu'ils se sont procuré ; des remarques de même genre ont été faites par la chambre de commerce de Honfleur. Ces considérations portaient ces deux autorités à désirer, dans la législation, où l'administration de l'impôt du sel, quelques changemens qui donnassent plus de latitude à l'entreposement des sels destinés aux pêches (1).

Il est temps de terminer ce long rapport et d'en soumettre au conseil un résumé qui puisse lui servir à déterminer les points sur lesquels devra porter sa discussion.

_____

(1) C'est là ce qui est plus digne de la sollicitude de l'administration que de songer à interdire la pêche et la consommation du poisson.

RÉSUMÉ ET CONCLUSION.

La proposition de limitation a pour objet principalement, la prohibition de pêcher avant le 1er septembre et après le 31 décembre ou le 15 janvier; subsidiairement le refus du sel en franchise après l'une ou l'autre de ces deux époques, ou la réduction des quantités de sel portées au tarif de l'ordonnance du 30 octobre 1816.

On se fonde pour défendre le système de la limitation : 1° Sur l'autorisation de la législation ancienne et de l'exemple des peuples qui exploitent la pêche avec le plus d'avantage et de réputation.

2° Sur l'intérêt de la marine, du commerce extérieur et de la consommation, qui, tous trois, sont intéressés au maintien et à l'accroissement de la pêche d'automne : la marine, parce qu'elle forme de meilleurs marins; le commerce extérieur, parce qu'elle lui procure des produits propres à entrer dans les marchés étrangers en concurrence avec les produits des pêches étrangères les mieux accréditées; la consommation enfin, en ce que cette pêche lui fournit des produits de meilleure qualité.

3° Sur la contrebande à laquelle prête la pêche tardive, à raison de l'état de détérioration où se trouve le hareng d'arrière-saison, et encore sur la contrebande qui se fait en poisson anglais.

Sur le premier point, c'est à dire sur l'autorité de

la législation ancienne et des exemples, il est établi, quant à la législation ancienne, qu'il a été dérogé à la limitation presqu'aussitôt qu'elle a été posée pour la première fois en 1687; que, depuis, il y a eu de fréquentes dérogations, notamment dans le temps de guerre : qu'enfin cette limitation a été sans exécution, quant à la faculté de pêcher, puisque nous voyons, par l'arrêt du parlement de Paris, de 1768, qu'on pouvait vendre du hareng frais même jusqu'en mars; et enfin l'ancienne législation a été révoquée par une série de lois ou d'actes législatifs, soit relatifs à la pêche, soit relatifs à la salaison, qui n'ont pu être révoqués que par une loi et qui n'ont pu l'être par l'ordonnance du 14 août 1616.

Quant aux exemples invoqués, il n'y a aucune limite, soit pour la pêche, soit pour l'exemption du droit sur le sel employé à cette pêche, soit pour les restitutions du droit, ni en Angleterre, ni dans la Baltique, ni aux Etats-Unis. En Hollande on ne limite ni la pêche, ni même la salaison; seulement on a des dispositions comminatoires et qui sont loin d'être absolues, qui annoncent l'intention de réserver une préparation particulière, celle du hareng blanc, exclusivement aux produits de la grande pêche : mais on sait que la disposition est sans effet.

Sur le second point, concernant l'intérêt de la marine, du commerce et de la consommation, on argumente de nos pêches d'automne, en les assimilant à la grande pêche de la Hollande ou même à celle des bâtimens qu'expédie l'Angleterre sur les côtes d'Ecosse, en vertu d'actes de 1750. Mais c'est une exagération : depuis long-temps nos pêches d'été sont abandonnées, ces pêches étaient vraiment lointaines. Nos bateaux de Dieppe, depuis long-temps, n'allaient pas au-delà de Yarmouth. Ils y allaient au plus pour la moitié de la campagne finissant à Noël, et la plus grande partie de leur pêche est côtière.

La pêche côtière et la pêche de pleine mer forment, chacune, une espèce d'hommes pour la marine. La pêche lointaine forme de meilleurs marins; mais la pêche côtière forme une plus grande quantité d'hommes de mer.

Du reste, il convient pour conserver concurremment, et autant que possible, les avantages respectifs de ces deux pêches, et même pour accroître, s'il est possible, la pêche lointaine, de revenir aux erremens du décret du 13 pluviose an XI ; de mettre à exécution le système des primes et d'encouragemens qu'il a établi pour la pêche de haute mer; toutefois, en ne donnant ces primes qu'aux navires qui feraient véritablement la pêche lointaine ; car dans les termes du décret, les primes sont données tellement tard, qu'elles s'étendent à une pêche tout aussi tardive que celles que les partisans de la limitation veulent entièrement supprimer. Ce système est à revoir; il doit être établi sur d'autres bases, sans toutefois, qu'il puisse tendre à détruire la pêche côtière, après tout, la plus importante et la plus sûre des deux.

Quant à l'intérêt du commerce extérieur et à celui des pêches, les produits des deux pêches sont distingués par les règlemens; ils se distinguent dans le commerce. En France, comme partout, le hareng vide se sale séparément, se vend moins cher. Les produits de la pêche d'hiver se vendent à des prix différens de ceux de la pêche d'automne et d'été.

Les mêmes raisonnemens s'appliquent à l'intérêt du commerce intérieur et de la consommation. Il est absurde de parler de la mauvaise qualité du hareng vide, quand une forte partie du hareng que prennent les pêcheurs du Nord, et qu'ils salent, est gai; quand toute l'Europe en pêche pour le consommer ou pour le vendre, et l'envoyait autrefois en abondance chez nous.

Ces deux produits ne sont effectivement point en rivalité dans la consommation; seulement le produit inférieur tient le produit supérieur à un prix plus modéré qu'il ne serait, si les classes pauvres ou peu aisées étaient forcées d'acheter ce dernier. Mais on ne peut penser à créer, en faveur d'un produit d'une nature supérieure, un monopole uniquement pour en soutenir le prix.

Avant la révolution, les Hollandais et tous les Etats de la Baltique importaient, en tout temps, en France, du hareng en *vrac*, dont la plus grande partie provenait de leurs dernières pêches. Pendant la guerre, ou bien suivant les inspirations de la politique, nous ouvrions nos ports au hareng blanc de l'étranger, notamment à celui de la Hollande. Nos pêches, depuis le régime de la liberté, ont considérablement augmenté dans leurs produits. Si nous consommons du poisson vide, c'est au moins le poisson de nos pêches; l'abondance dont on se plaint nous affranchit d'un tribut aux pêches étrangères.

Sur le troisième point, sur l'intérêt du trésor, dont les perceptions souffriraient par la contrebande de sels à laquelle prête la pêche tardive, il est inutile de s'arrêter aux faits de contrebande relatifs au hareng anglais de pêche d'hiver; la même contrebande peut se faire à Yarmouth par nos pêcheurs. L'administration des douanes a des moyens de répression; s'ils sont insuffisans, qu'elle en propose de nouveaux. D'ailleurs, les faits de fraude et leurs conséquences pour le fisc sont peu considérables; les délivrances de sel aux ports du Sud sont presque arrêtées, depuis 1816, par la déviation du hareng. Il faut voir ce qu'il convient de faire pour les temps ordinaires, et lorsque le hareng aura repris sa marche accoutumée.

Refuser entièrement la délivrance du sel, c'est abroger l'article 55 de la loi du 24 août 1806, qui, en rétablissant l'impôt du sel, contre lequel l'opinion était si prévenue, a voulu que le sel fût donné en franchise aux produits des pêches, sans limitation d'époque. Ce serait, à peu près, proscrire la conservation des produits de la pêche tardive, et arriver au même but que par la limitation; et l'une des deux mesures n'est ni plus légale ni plus conforme à l'intérêt public que l'autre.

Quant à réduire le sel au-dessous du tarif, la réduction qui sans doute frapperait sur toutes les préparations, celle du hareng blanc comme celle du saur, arriverait encore au même but; elle interdirait la préparation du hareng. On doit donc y renoncer, à moins qu'il ne soit prouvé, par des expériences positives et irrécusables, que le hareng gai ou maigre peut recevoir chacune des deux ou trois préparations prévues dans le tarif, avec la moitié du sel porté à ce tarif, ce qui n'est pas présumable, sans quoi la législation fiscale des autres peuples de l'Europe et la nôtre auraient fait, à cet égard, une distinction dont pourtant on ne voit de trace nulle part. Du reste, si la chose est établie par des faits et par des expériences irrécusables, il sera du devoir de l'administration de proposer des réductions dans la délivrance des sels. Jusqu'à cette épreuve, diminuer le sel, ce serait risquer d'interdire la conservation du poisson, et par conséquent la pêche.

Je m'abstiendrai de me jeter dans les réflexions générales auxquelles prête cette contestation si long-temps prolongée, et que la délibération du conseil, il faut le croire, concourra définitivement à terminer. Je prie pourtant le conseil de me permettre de ne point finir sans les indiquer.

Le conseil, je me le persuade, aura vu qu'à travers tous les prétextes mis en avant en faveur de la limitation, il s'agit, au fond, de rendre à une partie du territoire un privilége ancien, mais fort ambulatoire, fort précaire, fréquemment suspendu, suspendu aussi long-temps que maintenu, puisqu'il est prouvé que Dieppe n'en jouissait qu'en temps de paix; qu'il s'agit de le rendre à un ou deux ports, pour ôter à une autre partie du territoire, la jouissance qui lui a été conférée par des lois et dont elle a usé pendant vingt-cinq ans, d'un droit naturel, d'un moyen de travail et de subsistance, dont l'exercice et l'usage n'avaient pu sans injustice, sans une inégalité choquante, lui être ravis; qu'il s'agit enfin de rétablir, à l'exercice de la plus importante de nos pêches, une limite qui nous rendrait tributaires de l'étranger.

Pour ne voir que le côté du privilége que réclame Dieppe, combien de provinces pourraient réclamer des priviléges perdus moins absurdes et moins odieux? Ce serait le retour du Roi et celui de la paix qui seraient, pour toute une population, le signal de la perte d'un droit presqu'aussi naturel que celui de respirer, à la jouissance duquel elle a été rendue par la révolution, et dont le bénéfice a été une compensation des calamités et des charges de tout genre qu'elle a entraînés.

Dieppe regrette sa pêche presqu'exclusive; mais il y a des plaintes de ce genre dans toute l'Europe. La Hollande en est réduite au même état : comme on l'a vu, cette puissance, après avoir mis à la mer quinze cents à deux mille bâtimens pour cette pêche, n'en avait plus, avant 1795, que cent cinquante ou deux cents au plus. Nous savons que Yarmouth, anciennement le plus grand marché de harengs de l'Angleterre, est déchue considérablement de son importance (1). L'industrie et le commerce flottent entre les États, et, dans un même État, entre les villes, au gré de circonstances plus puissantes que tous les vœux. Celles de la France, depuis trente ans, ont amené bien des vicissitudes de ce genre. Elles ont amené une répartition plus égale de la pêche du hareng. Avec cette répartition plus égale est venue une plus grande abondance de produits. Avec le privilége et la limitation reviendrait notre dépendance constatée des produits étrangers. Le gouvernement du Roi semble n'avoir rien de mieux à faire, sur cette matière comme sur beaucoup d'autres, que d'écarter des regrets stériles et irritans, et de résister à des efforts irréfléchis qui tendraient à le faire revenir au passé, et à le faire revenir par des voies qui ne sont pas conformes à notre ordre constitutionnel.

Par tous ces motifs, j'estime 1° que le rétablissement de la limitation aurait dû faire la matière d'une loi; 2° que le régime de pêche illimitée, qui a été établi par les lois précédemment énoncées, doit être maintenu, en accordant toutefois à la pêche lointaine des encouragemens particuliers, mais établis sur des bases mieux calculées que celles du décret du 18 pluviose an XI.

---

(1) *Encyclopédie* de Rée, verb. *Herring and fisheries*.

ÉTAT DE LA PÊCHE

DEPUIS LE RAPPORT.

POST-SCRIPTUM.

(Juin 1831.)

Les états qui suivent, et qui sont le résumé annuel tenu au ministère de la marine des états et des rapports particuliers envoyés par les quartiers composant l'arrondissement de la préfecture maritime de Cherbourg, viennent, d'une manière non équivoque, à l'appui des principes et des conclusions du rapport que l'on vient de lire. On y voit d'abord que, depuis 1822, le poisson s'est successivement remontré sur les côtes de France, et que sa réparution s'est annoncée par une augmentation progressive des produits en argent, ainsi que des produits des salaisons d'ateliers.

Que deviennent donc les imputations des saleurs de Dieppe, que la disparition du hareng tenait à la pêche au *chalut*, exercée particulièrement par les habitans du Calvados! Comme si l'on pouvait penser que c'est sur les côtes de France que la nature a placé les vastes réservoirs de cette pêche miraculeuse! Comme si la forme d'un filet pouvait arrêter la marche progressive du banc, qui se forme dans les mers du nord, et vient alimenter toutes les côtes de l'Europe septentrionale! Que faut-il penser aussi de leur proposition de clôturer la pêche au 31 décembre, comme moyen de faire revenir le poisson!

Les faits révélés par ces États ont encore d'autres conséquences importantes. On y voit de quelle faible influence, relativement à la pêche d'automne, sont les deux pêches de la première et de la dernière saison; la pêche d'été et la pêche d'hiver, dont les Dieppois font tant de bruit pour exalter l'une, comme s'ils ne faisaient et comme s'il ne fallait faire qu'elle, et pour anathématiser l'autre, comme ruinant la pêche d'automne. Qu'on voie notamment, quant à la dernière, quelle est son insignifiance relative! Pendant les quatre années de 1826 à 1829, elle a donné une valeur moyenne de 25,000 francs contre une moyenne de 3,400,000, pour la même période, pour la pêche d'automne! C'est cette pêche moyenne de 25,000 f. qui doit ruiner une pêche de 3,4000,000 f.!

Il est vrai que dans les années antérieures à 1826, cette pêche a eu plus d'importance. En 1825, elle s'est élevée à près de 400,000 fr. Mais pourquoi rejeterait-on ces produits? pourquoi les aurait-on rejetés, surtout, quand le hareng ne revenait encore que lentement sur nos côtes?

Si les Dieppois ne peuvent parvenir à faire prohiber la pêche d'hiver, ils ne cessent pourtant d'en poursuivre la destruction par des plaintes continuelles, des dénonciations réitérées sur la fraude que vont faire à la côte d'Angleterre les pêcheurs du Calvados. Ils les accusent d'aller en janvier à Portsmouth, et même au Texel, acheter du poisson étranger, contrairement aux lois prohibitives de ces achats, pour le saler avec du sel en franchise, destiné seulement au poisson de pêche nationale.

Voici, à cet égard, ce que portent les observations placées à la suite du résumé de 1827 :

« Les plaintes sur le hareng acheté en Angleterre
« et en Hollande, se sont renouvelées. Le quartier de
« Caen a été l'objet des attaques dirigées par les
« chambres de commerce de Boulogne et Dieppe.
« Cette dernière ville a prétendu que les pêcheurs
« de Caen, après avoir acheté du poisson sur les côtes
« du Texel et d'Angleterre, venaient ensuite le ven-
« dre dans les ports de l'arrondissement du Hâvre.
« Ces plaintes ont donné lieu à une enquête, à la
« demande du ministère des finances; elle a été faite
« à Caen, par ordre du ministre de la marine. Elle
« a eu lieu avec le soin le plus minutieux. Il est ré-
« sulté de tous les interrogatoires qui ont été faits, et
« de l'inspection même des filets, que l'accusation
« était dénuée de preuves. La douane a aussi pour-
« suivi devant les tribunaux, mais sans succès, les
« magistrats n'ayant trouvé aucune preuve du délit.

« A Calais, à Fécamp, on n'a pas été plus heureux
« dans les poursuites. On ne peut que regretter ces
« poursuites infructueuses, qui fatiguent les marins
« et nuisent à leurs intérêts.

« Quant à ce trafic, il faut examiner s'il ne vaut
« pas mieux, dans l'absence du poisson, aller le cher-
« cher à l'étranger, et avoir les profits du salage, que
« d'être obligé de l'acheter tout salé des étrangers. A
« la vérité, il y a la question de la marine, qui ne
« s'arrange pas de cette facilité. »

Les observations de 1829 s'expriment en ces termes : « Les administrations de la douane et de la
« marine font tous leurs efforts pour réprimer les
« achats frauduleux de hareng étranger. On ne peut
« fournir de preuves suffisantes pour les tribunaux.
« Plusieurs patrons ont été suspendus pour une an-
« née ; d'autres ont été levés extraordinairement pour
« le service des vaisseaux. Ces mesures ont dû pro-
« duire quelque effet ; mais, quant à la première, les
« patrons suspendus s'embarquent comme matelots.
« On a déjà proposé de ne délivrer des sels en fran-
« chise que pendant la durée des pêches effectives :
« cette disposition est le seul moyen de mettre un
« terme au commerce frauduleux, préjudiciable, à la
« fois, à l'industrie nationale, à la marine, au com-
« merce, aux marins eux-mêmes, qui n'en retirent
« que de faibles bénéfices. »

Les observations de ces deux années sont parties,
comme on le voit, de deux esprits différens. La sévé-

rité de celles de 1829 est bien peu justifiée par le misérable produit de la pêche d'hiver de cette année, qui présente un total de 26,500 fr. contre la somme de 3,200,000 fr., produit de celle d'automne.

Mais ce qui mérite toute l'attention de l'administration supérieure, c'est d'abord la question élevée dans les observations de 1827, quant à l'intérêt véritable qu'il peut y avoir à empêcher d'importer du poisson frais étranger dans nos ateliers de salaisons; et ensuite, c'est la sévérité, ce sont les conséquences des peines infligées aux patrons qu'on n'a pu convaincre de fraude.

Cette dernière partie des observations n'échappera point aux méditations d'un ministre éclairé, et d'un homme de mer comme M. l'amiral de Rigny. N'existe-t-il pas assez de causes de découragement, de désertion de notre population maritime et côtière, sans y ajouter encore par des peines d'une légalité douteuse? Et dans quel intérêt? Celui d'empêcher, pour 1829, par exemple, que, sur 25,000 fr., valeur vénale de hareng d'hiver, on ait peut-être employé, en fraude de la loi, pour 1000 fr. de sel, si la totalité de cette pêche est étrangère!

Sans doute il faut que les lois fiscales s'exécutent comme les autres : mais aux administrations fiscales le soin de poursuivre et d'instruire; et si les poursuites, exercées dans un but d'une utilité équivoque, dans un but fiscal aussi mesquin que celui dont il s'agit, ont pour effet de concourir à augmenter le découragement parmi les gens de mer, il appartient à tous les ministères, entre lesquels malheureusement, depuis la révolution, on a dépecé la police des pêches, de revoir la législation qui autorise de pareilles mesures, et de demander qu'elle soit ramenée à des erremens plus conformes à l'intérêt public.

Et en effet, quel est le fond des plaintes de Dieppe? On va acheter à Portsmouth, et même au Texel, du poisson étranger, et on l'apporte dans les ateliers de Caen ou de Honfleur pour y être salé en franchise, comme poisson de pêche française. D'abord on voit ici une preuve continuée de ce que le rapport a affirmé; la preuve que la Hollande et l'Angleterre n'interdisent pas la pêche d'hiver. Mais, sur le poisson d'automne rapporté de la côte de Yarmouth, où nos pêcheurs vont pêcher, mêlés avec des Anglais; côte sur laquelle ils descendent librement; n'y a-t-il point de poissson acheté des pêcheurs anglais? Pourrait-on bien l'affirmer?

Quoi qu'il en soit, je voudrais qu'on examinât avec soin l'intérêt qu'il peut y avoir à poursuivre, avec une aussi grande sévérité que le voudrait Dieppe, le mélange d'une matière première étrangère avec la même matière provenant de notre travail. Je ne prononce point sur la question, qui est douteuse; mais j'avoue que j'inclinerais à des droits protecteurs des produits de la pêche nationale, au lieu de la prohibition absolue. Autrefois, comme le montre le rapport, nous recevions de grandes quantités de harengs hollandais à demi préparés et même tout préparés; et avec la préparation la plus dispendieuse, celle du hareng blanc. Maintenant la fraude dont la probabilité inquiète, excite autant Dieppe, ne nous apporterait que de la matière première. Il faut convenir que ce régime, dont les résultats sont si insignifians, est un peu moins dommageable que celui sous lequel Dieppe a exercé, depuis le tarif de 1667 accordé aux exigences de nos liaisons politiques avec la Hollande, et continué, depuis, jusqu'en 1786.

Mais je termine ici ces observations : les états qui vont suivre en suggéreront d'autres aux lecteurs attentifs.

N° I.

Arrêt du conseil d'État, au sujet de la pêche du hareng, du 24 mars 1687.

(Extrait des registres du conseil d'État.)

Sur ce qui a été représenté au Roi, Sa Majesté étant en son conseil, que la pêche des harengs se faisant tous les ans par des pêcheurs français, tant de Dieppe que des autres ports de Normandie et de Picardie, laquelle commence à la Saint-Denis, et doit finir à Noël, jusqu'auquel temps les harengs qui se pêchent sont de bonne qualité pour approfiter et être vendus et débités par tout le royaume. Cet usage avait été pratiqué de tout temps, sans qu'on eût entrepris de faire ladite pêche au-delà dudit temps, si ce n'est depuis environ six ans que lesdits pêcheurs ont entrepris de continuer ladite pêche au-delà de Noël, dans lequel temps le hareng ayant frayé, devient de mauvaise qualité, ce qui ruine entièrement lesdites côtes, par la quantité qu'on en prend, et les pêches qu'on fait en bonne saison, par le vil prix auquel on le vend. Comme aussi que des particuliers, contre les prohibitions expresses portées par l'ordonnance du mois de juillet 1681, titre des droits d'abord et de consommation, achètent du hareng à bord des vaisseaux étrangers, ce qui cause un grand préjudice au commerce, par le mélange qu'ils en font, et au débit de celui de la première pêche, qui se fait dans la bonne saison. Auxquels abus étant nécessaire de remédier, Sa Majesté, étant en son conseil, a fait et fait très-expresses inhibitions et défenses à tous pêcheurs et autres personnes, de quelque qualité et condition qu'elles soient, d'aller ni d'envoyer à la pêche du hareng après le mois de décembre passé, ni d'en acheter à bord d'aucun vaisseau étranger, à peine de 500 livres d'amende, confiscation du hareng, des équipages et vaisseaux; et autres peines s'il y échoit. Enjoint aux officiers de l'amirauté de tenir la main à l'exécution du présent arrêt, à peine d'y répondre en leurs propres et privés noms.

Fait au conseil d'Etat du Roi, Sa Majesté y étant, tenu à Versailles, le vingt-quatrième jour de mars mil six cent quatre-vingt-sept.
Signé COLBERT.

N° II.

Arrêt du conseil d'Etat du 17 décembre 1695.

Sur ce qui a été représenté au Roi en son conseil, que, pour remédier à l'abus qui s'était introduit depuis quelques années dans la pêche du hareng, par les pêcheurs des ports de Normandie et autres, lesquels, non contens d'aller à ladite pêche le long des côtes desdites provinces, même celles d'Angleterre, depuis la Saint-Denis jusqu'à Noël, jusqu'auquel temps l'usage avait borné cette pêche, parce qu'après ce temps, le poisson devient ordinairement vide et de mauvaise qualité, s'étaient mis en possession de continuer la pêche, après ledit temps, le long des côtes, parce que le hareng, quoique de mauvaise qualité en cette saison, y serait en abondance, et qu'ils en pêchaient une si grande quantité, que, par la vente qu'ils en faisaient à vil prix, ils causaient un préjudice notable au commerce du bon hareng, qui avait été pêché dans la bonne saison avec beaucoup de peine et de dépense. Sa Majesté aurait, par arrêt de son conseil, du 24 mars 1687, fait très-expresses inhibitions et défenses à toutes personnes, de quelque qualité ou condition qu'elles fussent, d'aller ou envoyer à la pêche dudit hareng après le mois de décembre passé. Mais ayant reconnu que, depuis la déclaration de la guerre, la pêche des côtes d'Angleterre était devenue difficile, Sa Majesté *aurait donné, par plusieurs arrêts,* la permission de continuer jusqu'au 15 mars suivant, parce que celle qui s'était faite jusqu'au dit jour, 1er janvier, n'était pas abondante; et comme Sa Majesté est informée que pareille chose est arrivée cette année; et que la pêche qui s'est faite depuis la Saint-Remi jusqu'à présent est si peu considérable, que ses sujets manqueraient de hareng si la défense de pêcher après Noël subsistait, à quoi voulant pourvoir d'autant plus que le poisson qui a été pêché les derniers jours est plein et de bonne qualité, comme au commencement de la pêche, avec espérance qu'il continuera, Sa Majesté, étant en son conseil, a permis et permet aux pêcheurs des côtes de Normandie, Picardie, Flandres et autres, de continuer la pêche du hareng appelée *de relouage* jusqu'au 15 mars prochain, nonobstant les défenses portées par l'arrêt du conseil du 24 mars 1687, lequel, au surplus, sera exécuté selon la forme et teneur; et sera le présent arrêt lu, publié et affiché partout où besoin sera.

Fait au conseil d'Etat, Sa Majesté y étant, le 17 décembre 1695.

N° III.

Extrait du traité de commerce entre la France et la république des Provinces-Unies, signé à Versailles le 21 décembre 1739.

ARTICLE IX.

Il sera permis aux sujets des Etats-généraux d'apporter, faire entrer et débiter en France et dans les pays conquis, librement et sans aucun empêchement, du hareng salé, sans distinction, et sans être sujets au rempacquement, et ce, nonobstant tous édits, déclarations et arrêts du conseil à ce contraires, et nommément ceux des 15 juillet et 14 septembre 1687, portant défense d'apporter ni faire entrer dans les ports de France ou places conquises, du hareng autrement qu'en vrac, et salé du sel de brouage, et qui ordonnent que ledit hareng sera apporté dans les ports de mer, en vrac dans des barils, dont les dix-huit composeront douze du hareng paqué.

FIN.

ÉTATS récapitulatifs de la pêche et de la salaison du hareng, dans toute l'étendue du 1ᵉʳ arrondissement maritime (préfecture maritime de Cherbourg),

DE 1821 A 1829.

BATEAUX sortis pour la pêche.	TONNAGE.	ÉQUIPAGES.	DISTANCES Où l'on a pêché aux trois époques de la pêche.	PRODUITS évalués en argent.	NOMBRE des ateliers de salaison.	NOMBRE de barils salés.
Pontés, 242. Non pontés, 53.	8,055	4,246	**1821 A 1822.** 1ʳᵉ *Époque*, du 1ᵉʳ au 30 septembre. De 3 à 10 lieues d'Yarmouth, côte d'Angleterre.	38,774	306	41,675
			2ᵉ *Époque*, du 1ᵉʳ octob. au 31 déc. De 15 à 20 lieues dans le nord de Calais; de 2 à 3 au large de Boulogne; de 3 à 5 des côtes d'Angleterre; de 2 à 5 de celles de France; enfin, de 2 à 3 lieues de celles de Dieppe.	1,848,694		
			3ᵉ *Époque*, après le 31 décembre.	194,941		
Pontés, 268. Non pontés, 42.	8,586	4,592	**1822 A 1823.** 1ʳᵉ *Époque*, du 1ᵉʳ au 30 septembre. A 10 lieues au large de Calais, vers les côtes d'Angleterre, à mi-canal; de 3 à 15 de Boulogne; de 1 à 2 lieues de Dieppe; de 15 à 20 lieues au large de Honfleur; de 3 à 4 lieues des côtes de Caen.	»	251	41,565*
			2ᵉ *Époque*, du 1ᵉʳ oct. au 31 décemb.	2,326,720		*Y compris 123 barils salés à la mer, et rapportés par les pêcheurs de Dunkerque.
			3ᵉ *Époque*, après le 31 décembre.	336,171		
Pontés, 241. Non pontés, 63.	8,688	4,330	**1823 A 1824.** 1ʳᵉ *Époque*.	»	297	49,043
			2ᵉ *Époque*, du 1ᵉʳ oct. au 31 décemb. Dans les premiers temps de cette 2ᵉ époque, les pêcheurs se sont portés vers l'Angleterre, et vers la fin, ils se sont rapprochés de plus en plus des côtes de France.	3,180,787		
			3ᵉ *Époque*, après le 31 décembre. Sur les côtes de France.	153,366		
Pontés, 262. Non pontés, 79.	9,620	4,854	**1824 A 1825.** 1ʳᵉ *Époque*.	212,255	186	23,012
			2ᵉ *Époque*.	2,024,742		
			3ᵉ *Époque*.	291,792		
			Nota. A partir de cette année, les résumés n'indiquent point les distances. Elles ne peuvent être que les mêmes que celles énoncées aux résumés des trois premières années.			
Pontés, 317. Non pontés, 89.	11,364	5,463	**1825 A 1826.** 1ʳᵉ *Époque*.	49,684	292	49,210
			2ᵉ *Époque*.	1,907,071		
			3ᵉ *Époque*.	397,756		
Pontés, 338. Non pontés, 105.	12,037	6,079	**1826 A 1827.** 1ʳᵉ *Époque*.	200,412	326	63,738
			2ᵉ *Époque*.	3,556,513		
			3ᵉ *Époque*.	6,000		
Pontés, 306. Non pontés, 102.	11,250	4,905	**1827 A 1828.** 1ʳᵉ *Époque*.	191,000	320	64,339
			2ᵉ *Époque*.	3,404,318		
			3ᵉ *Époque*.	48,653		
Pontés, 316. Non pontés, 106.	11,755	6,155	**1828 A 1829.** 1ʳᵉ *Époque*.	554,492	312	77,516
			2ᵉ *Époque*.	3,963,626		
			3ᵉ *Époque*.	23,997		
Pontés, 337. Non pontés, 96.	12,719	6,272	**1829 A 1830.** 1ʳᵉ *Époque*.	125,321	343	67,957
			2ᵉ *Époque*.	3,203,459		
			3ᵉ *Époque*.	26,547		

www.ingramcontent.com/pod-product-compliance
Lightning Source LLC
Chambersburg PA
CBHW070525100426
42743CB00010B/1954